창세기:창업자의 세법기술

창세기 : 창업자의 세법기술

발 행 | 2023년 02월 10일
저 자 | 진지한코치
펴낸이 | 한건희
펴낸곳 | 주식회사 부크크
출판사등록 | 2014.07.15.(제2014-16호)
주 소 | 서울특별시 금천구 가산디지털1로 119 SK트윈타워 A동 305호
전 화 | 1670-8316
이메일 | info@bookk.co.kr

ISBN | 979-11-410-1492-6

www.bookk.co.kr
ⓒ 진지한코치 2023

창세기

창업자의 세법기술

"이제 세무사와 직원을 믿을 수 있다"
1인기업, 소기업 창업자를 위한 절세비법

진지한코치 지음

CONTENT

머리말

'뭔가 이상하다'를 알 수 있어야 한다.

'뭔가 이상하다'의 '감'이 없어서 손실을 볼 때가 있다. '뭔가 이상하다'라는 느낌이 있으면 '혹시나' 하면서 찾아보게 된다. 이런 느낌은 경험에서 온다. 사업을 하며 부딪히는 경험이다.

"돈을 줄 때는 그냥 줄 수 없다. 무엇인가를 받아야 한다." 이런 생각을 할 수 있는 것이 '감'이다. 갑작스럽게 어떤 지출을 했다고 하더라도, "이런 때에는 상대에게 뭘 받아야지?" 하는 생각을 할 수 있어야 한다. 이것이 기본기이다.

예를 들어본다. 구매업체가 결제도 안 하고, 물건도 이동하지 않았는데, 다짜고짜 세금계산서부터 끊어(발행)달라고 한다. 윗선에 결재를 올려야 한다는 것이다. 현실에서 자주 일어나는 일이다. 이럴 때도 엄연히 지켜야 할 룰이 있다. '감'이 없으면 해달라는 대로 다 해주기 쉽다. 그러다 가산세를 무는 경우도 있다.

그럼 경리 직원을 뽑아야 할까? 이 책은 1인 기업가와 시작하는 창업자를 위해 쓰였다. 사업 초기 단계에서 직원을 뽑는 것은 부담스럽다. 그리고 직원을 뽑더라도 그 업무를 어느 정도는 알아야 한다. 자수성가한 사업가 세이노님의 글을 인용해 본다.

"결국, 사업 초기의 직원고용의 핵심은 반복적인 일을 대신할 사람을 구하라는 것이지 두뇌를 빌릴 사람을 구하려고 하지는 말라는 것이다. 사업이건 장사이건 간에 초기 단계에서 당신이 모르는 일을 다른 사람을 고용하여 시키려고 하면 그 인건비는 생각보다 비싸게 책정될 수밖에 없다. 그 사람이 일을 잘하는지 못하는지도 판단하기 어려우며, 그 사람의 보고하는 말에 의존하게 된다."

- 세이노의 가르침

사장이 먼저 알아야 한다.

세이노님도 사업 초기에는 내가 먼저 배워서 일을 시작하라고 조언했다. 내가 일을 아는 상태에서 직원을 구하면 굳이 전문가를 영입할 필요가 없다. 오히려 전문가급 인력은 몸값이 비싸고 콧대가 높아서 함께 일하기가 더 힘들 수도 있다. 내가 일을 알면 열정 있는 신입을 뽑아서 가르칠 수도 있다. 그리고 그 직원에게 업무를 넘기고 나는 다른 일로 넘어가는 것이다.

사장이 다 공부를 해야한다니 마음이 무거울 수도 있겠다. 그러나 큰 틀 정도만 알면 된다. 내가 최소한의 지식만 알고 나면 주위의 환경이 바뀌기 시작한다. 세무사에게 맡기더라도 뭐가 어떻게 돌아가고, 신고는 제대로 했는지를 알 수 있다. 내가 고용한 직원도 나를 바라보면서 '뭔가 배울 점이 있다'라고 생각하거나, 혹은 그 직원이 실력이 꽤 괜찮더라도 '우리 사장 만만하게 볼 상대는 아니군' 하면서 업무 태만으로 빠지는 것을 예방할 수 있다. 협력업체들과 일을 하면서도 증빙 문제로 부딪힐 경우가 많다. 이때 서로에게 도움이 되는 쪽으로 일을 풀어간다면 내가 든든한 존재가 될 수도 있다.

한마디로 나의 직원과 세무사 사무실 또는 협력업체들과의 업무가 수월해진다. 그렇게 사장은 전 분야의 '감'을 얻어나가야 한다. 자신을 지키는 방법이기도 하다. '공부를 한다'는 것은 다른 사람을 탓하지 않는 길이기도 하다.

내가 최소한의 지식을 알면, 세무대리인과 직원을 믿을 수 있다.

특징

챕터 2에 나오는 〈사업자등록하기〉와 챕터5의 〈연구인력개발비 세액공제〉는 꼭 활용해 보는 것을 추천한다. 큰 절세를 할 수 있다. 챕터 3의 세금계산서 실무 부분도 숙지를 하면 좋다.

아쉬운 파트가 챕터 4이다. 세금 신고에 관한 부분이 있는데 맛보기 수준일 것이다. 실무담당자가 아닌 창업자, 소규모 사업자를 대상으로 하여 큰 틀을 주제로 서술하였기 때문이다. 어찌되었건 전체적인 시각에서 초보자가 세금업무의 큰 틀을 익히는데 도움이 되었으면 한다.

챕터 1. 〈사업의 시작, 최소한의 세법〉

- 세금의 기초와 사업자의 유형에 대해서 알 수 있다.
- 사업자등록은 어떤 유형으로 할지 결정할 수 있다.
- 부업하는 직장인이라면 어떻게 세금 신고를 할 지, 사업자등록증은 언제 낼 지 결정할 수 있다.
- 투잡 시 주의할 점과 사업자등록 시의 주의사항도 알 수 있다.

챕터 2. 〈사업자등록, 이렇게 할 걸〉

- 업종선택 때문에 세금 수백만 원이 오가는 경우가 있다. 업종과 세금을 고려하여 사업자등록을 현명하게 할 수 있다.
- 사업자등록 후 챙겨야 할 일들을 알 수 있다.

챕터 3 〈새는 돈은 증빙 탓〉

- 증빙에 대해 정확히 몰라서 돈이 샌다. 거래 시 챙겨야 할 모든 증빙에 대해서 알 수 있다.
- 세금계산서의 원리, 발행과 수정에 대해서 알 수 있다.

챕터 4 〈사업운영 시 꼭 만나는 세무〉

- 사업운영 시 챙겨야 할 부가세와 소득세에 대해서 알 수 있다.
- 부가세와 소득세의 신고방법도 큰 틀에서 알 수 있다.
- 사업자 차량에 관한 지식을 알 수 있다.

챕터 5 〈천만 원 절세하는 제도 활용〉

- 소규모 사업장에 좋은 두루누리 사회보험에 대해서 알 수 있다.
- 노란우산공제로 몇백만 원 혜택을 볼 수 있다.
- 연구개발전담부서로 세금을 안 내거나 몇천만 원 줄일 수 있다.
- 가족을 활용해 세금을 몇십, 몇백 줄이는 방법을 알 수 있다.

저자소개

필자는 세금 전문가가 아니다. 평범한 직장인, 사업가이다. 큰 규모의 회사에서도 근무해 보았다. 그러나 소기업에서의 경험이 실전이었다. 작은 회사에서는 여러 일을 하기에 종합적 시야가 필요하다. 야생에서 살아남기 위해 분투해야 한다. 1당 100의 효율도 필요하다.

필자가 관리하는 회사는 1인당 매출액이 이미 10억을 넘었다. 이제는 1인당 매출액이 15억에 달한다. 직원 수는 줄었고 매출은 늘었다. 소규모 회사는 생산성이 중요하다. 나는 힘들게 얻은 지식을 공유하는 문화를 만들었다. 우리 조직은 점점 고도화되고 있다.

여러 가지 일을 하다보면 시간의 중요성을 느끼고 있다. 필자는 아침에 일어날 때면 잠시 죽음을 생각한다. 하루하루의 시간을 헛되이 보내지 않고 싶다. 아마 대부분의 사람들이 세금이라는 주제와 오늘 하루를 보내고 싶지는 않을 것이다.

세금 문제는 따분하고 어렵다. 피할 수 없다면 즐기면 좋겠지만 그게 안 된다. 차선책으로 '피할 수 없으니 '감'이라도 최대한 빨리 익히자'라고 생각을 하는 편이 나을 것 같다. 그래서 꼭 필요한 것들을 우선순위대로 모아 보았다.

★ 세금 신고납부 기한

구분	사업자	신고납부기한		신고납부할 내용
부가가치세	법인사업자	1기예정	4.1~4.25	1.1~3.31의 사업실적
		1기확정	7.1~7.25	4.1~6.30의 사업실적
		2기예정	10.1~10.25	7.1~9.30의 사업실적
		2기확정	다음 해 1.1~1.25	10.1~12.31의 사업실적
	개인일반사업자	1기확정	7.1~7.25	1.1~6.30의 사업실적
		2기확정	다음 해 1.1~1.25	7.1~12.31의 사업실적
		* 예정신고 및 예정고지 (일반과세자에 한함) - 사업부진자, 조기환급발생자는 예정신고납부와 예정고지납부 중 하나를 선택		
	개인간이과세자	확정신고	다음 해 1.1~1.25	1.1~12.31의 사업실적
소득세	개인사업자 (과세.면세)	확정신고	다음해 5.1~5.31	1.1~12.31의 연간 소득금액
		중간예납 (11.15고지)	11.1~11.30	중간예납 기준액의1/2 또는 중간예납추계액
사업장현황신고	개인면세사업자	다음 해 1.1.~2.10.		1.1~12.31.(폐업일)의 면세수입금액
원천징수이행상황신고	원천징수의무자	일반사업자	다음 달 10일	매월 원천징수한 세액
		반기납부자	7.10. / 다음 해1.10	

Chapter 1.
사업의 시작, 최소한의 세법

[1] 꼭 알아야 할 사업자 세금 기초

1. 초보 사업자가 세금을 공부해야 하는 이유

"모르면 세무사에게 물어보고, 증빙은 잘 모아두면 큰 문제는 없다"

사업을 제대로 시작한다면 세금 문제는 세무사에게 기장을 맡겨야 한다. 든든하다. 세무사한테 다 맡기면 되는데 왜 세금공부를 해야 할까?

(1) 사업을 능동적으로 관리할 수 있다.

아는 만큼 관리를 할 수 있다. 회계사무소는 내가 말을 안 했는데 알아서 일을 해주지 않는다. 수십 수백 개의 업체와 거래한다. 그리고 내 사업체의 일을 해주는 사람은 그 세무사가 아니다. 회계사무실의 직원이다. 한 직원이 수십여 개의 업체를 담당한다. 실제로 회계사무소에서 비용처리를 잘못하거나 세액공제 적용을 잘못해서 세금을 더 내게 되는 경우가 종종 있다.

기장을 맡기고 세금 신고가 잘 진행되고 있는지 관리를 하려면 전반적인 내용은 사업자가 알고 있어야 한다. 실무의 세세한 것까지 알 필요는 없다. 기본 틀만이라도 익히자. 세무사 사무실뿐만 아니라 나의 직원이 생겨도 마찬가지다. 콘트롤 하려면 큰 틀은 알아야 한다. 또한, 내가 무엇을 모르는지 알아야 질문을 할 수 있다.

(2) 알아야 돈을 아낄 수 있다.

사업이 커지면 커질수록 〈개인사업자〉의 세금 부담은 생각보다 크다. 세금도 세금이지만 사대 보험료도 만만치 않다. 사업하는 사람들이 비용처리와 각종 지원제도에 신경을 쓰는 이유이다. 번 돈을 지키기 위해서는 기본적인 세무 지식은 갖고 있어야 한다.

(3) 사업 공부도 하고 기장료도 아끼는 1석2조.

사업 초라면 매출이 그리 크지 않을 것이다. 이때 직접 세금 신고를 해보면 좋은 사업 공부가 될 수 있다. 후술할 예정인 단순경비율은 혼자서 신고가 가능하고, 간편장부 또한 그리 어렵지 않게 도전해 볼 만하다. 이 방법으로 세무대리인 기장료 또한 아낄 수 있다. 기장료는 최소 월 10만 원 이상 들어가며, 결산비 또한 최소 40만 원 정도 이상이 추가된다.

국세청 홈택스는 영세 사업자들도 혼자서 세금 신고를 할 수 있도록 하는 것을 목표로 사이트를 구성해 놓았다. (물론 정보가 많아서 복잡하기는 하다.) 한번 큰 틀을 공부해두면 앞으로 사업을 하는데 큰 자산이 된다.

그러나 복식부기를 써야 하는 경우라면 무조건 회계사무소에 의뢰를 한다고 생각해야 한다. 또한 사업 초부터 매출이 억 단위 넘어가는 경우는 바로 세무사를 찾는 편이 나을 것이다. 바쁜 상황에서는 시간을 아끼는 것이 더 중요하다.

2. 사업자가 꼭 알아야 할 세금

사업자는 〈3가지 세금〉과 〈사대보험〉에 대해서 알아야 한다. 여기서는 〈납부 시기〉가 빨리 다가오는 순서대로 정리해 보겠다.

순위	세금의 종류
1	원천세 + 사대보험
2	부가세
3	소득세

4가지라고 하니 복잡해 보인다. 이 중 원천세와 사대보험은 처음에 한 번만 세팅하면 된다. 실제 사업을 하면서는 〈부가세〉와 〈소득세〉 이 두 가지만 신경 쓰면 된다. 이 두 가지도 사실 부가세와 관련이 있는 〈적격증빙〉을 평소에 잘 챙기고, 잘 발행하면 소득세도 웬만큼 해결된다.

매달 직원들에게 나가는 월급은 〈원천징수〉와 〈사대보험〉과 관련이 있다. 급여에 대한 업무는 노무사의 영역이다. 그런데 보통 세무사 사무실에서도 해주고 있다. 세무사 수임 조건에 따라 다르긴 하겠지만, 소규모의 회사라면 큰 비용 추가 없이 서비스로 해주기도 한다. 따라서 세무사를 두는 경우 직원의 급여가 나갈 때 조언을 구하면 된다. 물론 세무사 없이 사대보험공단 사이트에서 직접 신고를 해볼 수도 있다.

부가세와 소득세는 세금계산서를 제때 발행하고 증빙을 잘 모아두면 큰 문제는 없다. 이것이 세금 업무의 최소한의 지식이다. 여기서부터 지식을 쌓아가면 된다. 여기서는 개괄적으로만 살펴보겠다. 그리고 더 자세한 내용은 이후의 장에서 다루도록 하겠다.

(1) 원천징수 (원천세)

가) 종업원 (근로소득 원천징수)

사업자가 종업원을 채용해 월급을 지급할 때, 근로소득세를 미리 떼서 나라에 낸다. 원천적으로 미리 떼는 것이라서 원천세라고 이해하면 된다. 미리 뗀 세금은 다음 달 10일까지 신고납부한다.

원래 세금은 납세의무자, 즉 이 경우에는 직원이 내는 것이 이치에 맞다. 그런데 왜 회사가 대신 낼까? "직원은 '세금'에 대해서 잘 모르고, 내지 않을 우려도 있으니. 회사 너네가 대신 계산해서 미리 내라"라는 취지에서 이 제도가 만들어졌다고 이해를 하자.

나) 프리랜서 (사업소득 원천징수)

직원이 아닌 프리랜서를 고용해 일하는 경우도 있다. 이때에도 보수를 지급할 때, 소득세와 지방소득세를 합쳐서 3.3%를 떼고 지급한다. 미리 뗀 세금은 다음 달 10일까지 신고 납부를 한다.

참고 : 원천세 관련 세무사가 대신해주는 일

(1) 원천징수이행상황신고서 제출
1달간 모든 원천징수 내용을 합쳐서 〈원천징수이행신고서〉를 다음 달 10일까지 제출

(2) 지급명세서 제출
매달 〈원천징수이행상황신고서〉에 신고한 내역을 합쳐서 1년에 한 번 개인별 원천징수 내역을 신고한다. 연말정산의 절차이며, 다음 해 3월 10일까지 제출한다.

---

(2) 사대보험

〈사대보험〉은 국민연금, 건강보험, 고용보험, 산재보험이다. 직원들 월급이 나갈 때 위의 〈원천징수〉와 함께 미리 떼어서 내는 보험료 이다.

사대보험의 원칙적으로 〈국민연금〉과 〈건강보험〉은 소득이 있으면 가입을 해야 한다. 〈고용보험〉과 〈산재보험〉 경우 사업주는 가입하 지 않으며, 근로자는 가입해야 한다. 〈산재 보험료〉는 사업자가 100% 부담하며, 나머지는 보험료는 근로자와 사업자가 반반씩 부 담한다.

직원을 쓰는 사업자는 본인의 4대 보험료뿐만 아니라 직원의 4대 보험료 그리고 직원의 소득세까지 다 원천징수해서 신고하고 납부 를 해야 한다. 그래서 원천세랑 4대 보험료에 대해 기본적인 내용 은 알고 있어야 한다.

참고 : 세무사와 급여(원천세+사대보험)업무

사업을 시작하고 세무사를 알아볼 때 급여업무까지 잘 처리해달라고 확답을 받는 것이 좋다. 5인 미만 소규모의 경우 부탁을 하면 잘 해주는 편이다.

엄밀히 따지면 급여업무는 세무사의 고유영역이 아니다. 따라서 세무사마다 일하는 스타일이 조금씩 다르다.

어떤 곳은 급여계산과 급여명세서 작성, 근로소득세신고, 사대보험 신고까지 완벽하게 해주는 곳이 있다. 어떤 곳은 내가 급여계산을 해서 넘겨주면, 신고만 대행해주는 곳이 있다. 참고로 ERP 프로그램을 쓰는 경우 손쉽게 급여계산을 할 수도 있다.

물론 돈을 더 주면 무엇이든지 다 해준다. 어떠한 경우라도 물어보면 친절하게 알려주는 곳을 선택해야 한다.

(3) 부가가치세

부가세는 상품이나 서비스를 제공하면서, 즉 매출이 발생하면 그 〈공급가액〉의 10%를 세금으로 내는 것이다. 부가적인 가치를 창출했다는 것이다. 물건을 팔면서 무려 10%를 세금으로 내야 한다니 상당히 불합리한 것 같다. 아예 처음부터 내 돈이 아니라고 생각을 하는 편이 낫다.

혜택도 있다. 내가 부가가치를 창출하기 위해 구매한 재료가 있을 것이다. 구매 시에는 위의 10% 논리에 따라 구매액의 10%만큼 부가세를 더 내게 된다. 이 금액을 〈매입세액〉이라고 해서 내가 낼 부가세에서 공제해준다. 공제되는 금액이 낼 세금을 초과한다면 환급도 된다. 즉, 부가세의 구조는 다음과 같다.

(매출액(공급가액) x 10%) - (매입액 x 10%) = 부가가치세

이렇게 계산을 해서 세금을 내려면 기간별로 합산을 해야 한다. 그래서 부가세는 특정 기간 (반기)을 정해 그 기간 안에서의 매출세액에서 매입세액을 뺀 금액을 세금으로 낸다.

부가가치세는 원칙적으로 돈을 내고 소비를 한 사람, 즉 소비자가 세금을 부담하는 제도이다. 그런데 징수의 편의상 소비자들이 낸 세금을 사업자가 받아서 대신 내는 구조로 되어있다.

(4) 사업 소득세(법인세)

〈사업 소득세〉야말로 사업의 이익에 대해서 내는 사업에 관련된 진짜 세금이라고 할 수 있다. 개인회사는 〈사업 소득세〉를 내고, 법인회사라면 〈법인세〉를 낸다. 일단 처음에는 법인세와 사업 소득세의 큰 틀은 비슷하다고 생각하자.

〈사업 소득세〉를 알아보기 전에 먼저 〈소득세〉의 개념 정리부터 확실하게 하자.

가) 종합소득과 사업소득

〈사업소득세〉는 〈종합소득세〉 안에 포함되는 개념이다. 〈부가세〉가 사업장별로 내는 것이라면〈소득세〉는 인별과세, 즉 개인의 모든 소득에 대해서 내는 세금이다. 그리고 이 개인의 모든 소득을 합산한 것이 〈종합소득세〉이다. 개인마다 처한 상황이 모두 다르므로 사업소득에서 같은 돈을 벌더라도, 실제 내는 세금은 천차만별이다.

아래 표는 개인의 모든 소득을 합산한 종합소득이다. 〈이.배.사.근. 연.기〉.로 외운다. 외우지 않는다면 일단 내 사업과 직접 관련이 있는 〈사업소득〉과 〈근로소득〉 정도만 눈여겨 봐둔다.

〈사업소득〉에서 내가 내야 할 〈사업 소득세〉가 탄생한다. 그리고 내가 직원에게 주는 월급은 직원으로서는 〈근로소득〉이 된다. 이외에 〈퇴직소득〉 〈양도소득〉이 있는데 이는 종합소득과 별개로 신고를 하는 항목이라서 일단 잊어버리자.

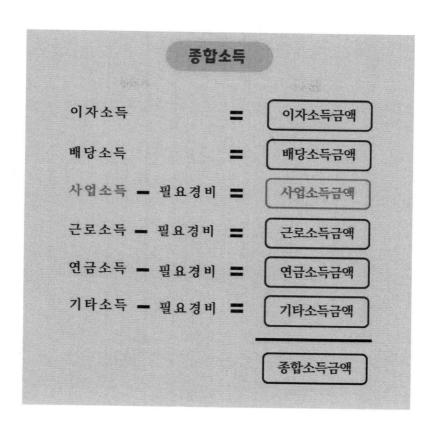

소득세를 내는 방법은 2가지이다. 근로소득으로 돈을 받을 때 미리 세금을 떼어서 나라에 내는 〈원천징수〉와 1년에 한 번, 즉 다음 해 5월에 신고와 납부를 하는 〈종합소득세 신고〉이다. 〈근로소득〉이 〈원천징수〉를 하는 대표적인 세금이다. 원천징수를 하고 다음 해 5월에 〈종합소득세 신고〉를 통해 정확한 세금이 산출되면 이 둘을 비교해서 정산한다. 즉, 덜 낸 세금이 있다면 더 내야하고, 더 낸 세금이 있다면 돌려받는다.

처음에 사업자가 내는 세금은 4가지 중 〈4대 보험〉은 사실 세금이 아닌 사회보험이다. 그리고 사업자가 꼭 알아야 할 '원천세'는 종합소득에 속하는 〈사업소득〉과 〈근로소득〉이다. 원천징수 사업소득의 대표 격이 프리랜서에게 3.3%를 떼고 보수를 지급하는 형태이다.

이를 제외하고 사업자가 내는 메인 세금은 크게 〈부가가치세〉와 종합소득세 안에 포함되어 있는〈사업 소득세〉라고 할 수 있다. 참고로 다음 해 5월에 내야 하는 종합소득세의 계산식은 다음과 같다.

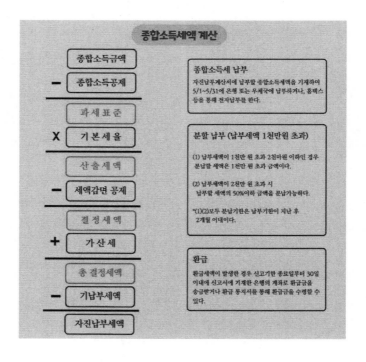

나) 종합소득세율표 보는 법

★ 종합소득세 세율 (~2022)

과세표준	세율 누진공제
1,200만 원 이하	6% -
1,200만 원 초과~4,600만 원 이하	15% 108만원
4,600만 원 초과~8,800만 원 이하	24% 522만 원
8,800만 원 초과~1억5천만 원 이하	35% 1,490만 원
1억5천만 원 초과~3억 원 이하	38% 1,940만 원
3억 원 초과~5억 원 이하	40% 2,540만 원
5억 원 초과~10억 원 이하	42% 3,540만 원
10억 원 초과	45% 6,540만 원

★ 개정 종합소득세 세율 (2023~)

과세표준	세율 누진공제
1,400만 원 이하	6% -
1,400만 원 초과~5,000만 원 이하	15% 126만원
5,000만 원 초과~8,800만 원 이하	24% 576만 원
8,800만 원 초과~1억5천만 원 이하	35% 1,544만 원
1억5천만 원 초과~3억 원 이하	38% 1,994만 원
3억 원 초과~5억 원 이하	40% 2,594만 원
5억 원 초과~10억 원 이하	42% 3,594만 원
10억 원 초과	45% 6,594만 원

종합소득세는 '누진세'의 구조로 되어있다. 과세표준 구간별로 세율을 다르게 적용하는 것이다. 표에서 보듯이 소득이 늘어날수록 세율도 가파르게 올라간다. 초심자들이 많이 헷갈리는데 여기에서 '과세표준'은 사업소득 상의 매출이 아님에 주의한다. (상기 표 숙지) 매출에서 비용을 빼고 종합소득공제도 반영한 금액이 과세표준이다.

나의 과세표준금액에 세율을 곱한 후 누진공제 금액을 빼면 산출세액을 계산해볼 수 있다.

참고: 누진 세액공제란?

누진 세액공제란 단순히 소득세 계산을 쉽게 하기 위한 '숫자'일 뿐이다. 예를 들어 과세표준을 1억이라고 하자. 위의 표에서 세율을 찾아보면 35%이다. 이때, 1억에 35%를 곱하는 것이 아니다.

1,200만 원까지는 6%, 4600만 원까지는 15% 8,800만 원까지는 24% 세율, 1억 원까지는 35% 세율을 곱하는 것이다. 쉽게 계산하는 방법이 있다. 아래의 공식처럼 과세표준에 단순하게 세율을 곱해서 '누진 공제'금액을 빼주는 것이다.

*산출세액 = (과세표준 x 세율) - 누진 공제

★ 법인세율 (~2022)

과세표준	세율
2억 원 이하	10%
2억~200억 원	20%
200억~3,000억 원	22%
3,000억 원 초과	25%

★ 개정 법인세율 (2023~)

과세표준	세율
2억 원 이하	9%
2억~200억 원	19%
200억~3,000억 원	21%
3,000억 원 초과	24%

[2] 사업자등록의 기초

1. 사업자의 구분

수익이 있는 곳에 세금이 있다. 사업을 하려면 원칙적으로 사업자
등록을 해야 한다. 사업자는 간단하게 〈법인사업자〉와 〈개인사업
자〉로 분류할 수 있다. 그리고 개인사업자는 〈일반과세자〉와 〈간이
과세자〉로 나뉜다.

우선 자주 등장하는 3개만 기억하자. 〈법인사업자〉 그리고 개인사
업자 중 〈일반과세자〉와 〈간이과세자〉이다. 그리고 이중 〈간이과세
자〉는 〈일반과세자〉와 부가세 부분만 다르고, 소득세는 동일하다고
생각하면 편하다.

참고로 〈면세사업자〉는 쌀이나 도서, 교육 등 일상생활에 필수적으로 이용되는 품목들을 제공하는 사업자이다.

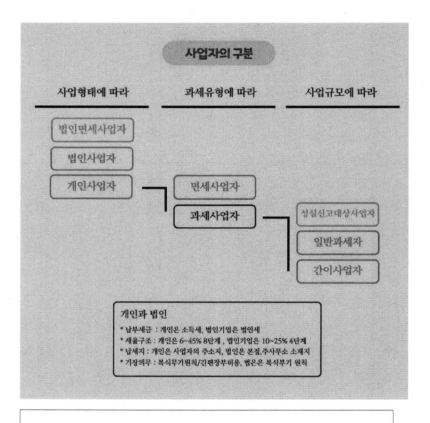

*참고 : 상기 표 우측에 〈성실신고 대상 사업자〉라고 한 구분은 무시해도 좋다. 일반적인 분류법은 아니다. 개인사업자의 규모가 커지면 성실신고대상자가 되는데 세금신고가 까다로워진다. 따라서 업종 상의 제한이 없다면 '성실'이 되기 전에 법인으로 전환하는 것도 고려해볼 만하다.

2. 사업자등록은 언제 하나?

사업을 시작한 날로부터 20일 이내에 신청하면 된다. 신청 후 2일 이내에 발급이 된다. 사업을 시작하기 전에도 사업자등록을 할 수 있다. 사업을 시작할 것이 객관적으로 확인되는 경우 사업자등록 발급이 가능하다.

참고 : 사업자등록 전 사용한 비용도 인정할 수 있다.

사업자 등록하기 전에 사업준비를 하면서 큰 지출을 하는 경우가 있다. 이 경우도 부가세의 매입세액공제와 소득세의 비용인정을 받을 수 있다. 다음의 요건을 충족해야 한다.

(1) 대표 주민등록번호로 세금계산서를 받은 경우 or 대표 명의의 신용카드로 결제한 경우
(2) 과세기간의 종료일로부터 20일 이내에 사업자등록을 완료한 경우

홈택스에 로그인해서 세금계산서의 〈주민등록수취분 전환하기〉를 클릭해 바꾸면 된다.

---

3. 사업자등록은 어떻게 하나?

(1) 세무서에 직접 방문하는 방법

요즘은 홈택스를 통해 집에서 사업자등록을 하는 사람들이 많은 듯하다. 그런데 세무서에 직접 방문하는 방법도 좋은 방법이다. 대체로 민원봉사실의 서비스가 좋은 편이다. 필요한 서류를 준비해 사업자등록을 포함하여 궁금한 점들을 물어볼 수 있다. 직접방문을 하여 신청하는 경우 별다른 이상이 없다면 사업자등록증을 당일 발급받을 수 있다.

참고 : 주요 구비서류

- 사업자등록 신청서 1부
- 사업 허가증, 등록증, 또는 신고 필증 사본 1부
  (허가, 등록, 신고가 필요한 경우)
- 사업 개시 전 등록하는 경우는 사업 허가 신청서 사본이나
  사업계획서
- 임대차 계약서 사본 1부 (확정일자 신청할 경우 임대차
  계약서 원본)
- 2인 이상이 공동으로 사업하는 경우에는 공동사업 사실을
  증명할 수 있는 서류
- 도면 1부 (상가건물 임대차보호법이 적용되는 건물 일부를
  임차한 경우)

---

(2) 홈택스에 접속해서 신청하는 방법

홈택스에 가입하고, 공인인증서가 있는 경우 인터넷으로 사업자등록을 신청할 수 있다. 구비서류 또한 전자제출이 가능하다. 제출서류는 방문 신청 시 준비해야 할 서류와 동일하다.

홈택스를 통해 사업자등록증을 신청하면 신청일로부터 3영업일 이내에 발급하게 되어있다. 사업자등록증이 나오면 세무서에 직접 방문하여 받을 수도 있으며, 인터넷을 이용하려면 홈택스의 〈민원증명〉 메뉴에서 발급받을 수도 있다.

[3] 일반과세자 vs 간이과세자

□ 사업자의 종류

사업자의 종류 (부가세에 따라서 크게 과세와 면세로 구분)			비 고	부가세율
면세사업자			교육,의료,농산,축산 등 부가세 납부의무가 없다	-
과세 사업자	개인 사업자	간이과세자	연간 매출액이 8,000만원 미만인 소규모 개인 사업자	1.5~4%
		일반과세자	간이사업자를 제외한 개인사업자	10%
	법인사업자		대표이사가 아닌 법인이 사업주체인 회사,개인 사업자보다 설립이 복잡하고 기본 유지비가 더 든 다. 소득세율이 더 낮다	

이번에는 사업 초보자의 관점에서 〈일반과세자〉와 〈간이과세자〉 중
어떤 것을 선택할지에 대해서 알아본다.

간이과세자는 연 매출 8,000만 원 이하인 경우에 적용되며, -일반
과세자처럼 10%의 부가가치세율이 대신- 부가가치세율에 업종별

부가율(5~30%)을 곱한 저율의 부가가치세를 낸다. 매입세액 또한 공급 대가의 0.5%만큼 작게 인정해준다. 참고로 이 둘의 차이는 부가세의 차이이다. 부가세만 다르지 소득세는 같다.

1. 취지에 맞게 선택하자

〈일반과세자〉가 기본형이다. 〈간이과세자〉는 영세한 개인사업자들을 위해서 나라가 특별히 혜택을 주려고 만든 제도이다.

(1) 초보라면 간이과세자로 하자

이 둘을 놓고 고민을 많이 한다. 취지에 맞게 선택하자. 초보 사업자니 영세하게 시작한다. 그러니 제도를 만들어 놓은 취지에 맞게 할 수 있다면 〈간이과세자〉로 시작하자. 간이과세자가 가장 유리한 부분이 매출세액이 작다는 것이다.

일반 과세자의 매출세액은 10%이다. 반면 간이과세자의 매출세액은 공급 대가의 10%에 또 업종별 부가가치율을 곱한다. 그래서 내야 할 최종 매출세액은 10%가 아닌 1.5~4%이다. 매출액이 1천만 원이라면 일반 과세자는 100만 원이 매출세액으로 내야 하는데, 간이과세자는 15만 원~40만 원이다.

또 간이과세자의 강력한 부분이 부가세 납부의무의 면제이다. 연 공급 대가의 합계액이 4800만 원 미만의 경우에는 부가세를 아예 내지 않는다.

◻ 간이과세자의 업종별 부가가치율(2021.7.1. 이후)

업종	부가가치율
소매업, 재생용 재료수집 및 판매업, 음식점업	15%
제조업, 농업·임업 및 어업, 소화물 전문 운송업	20%
숙박업	25%
건설업, 운수 및 창고업(소화물 전문 운송업은 제외), 정보통신업	30%
금융 및 보험 관련 서비스업, 전문·과학 및 기술서비스업(인물사진 및 행사용 영상 촬영업은 제외), 사업시설관리·사업지원 및 임대서비스업, 부동산 관련 서비스업, 부동산임대업	40%
그 밖의 서비스업	30%

(2) 초보이지만, 초기 투자비가 많다면 일반과세로 하자.

간이과세자의 가장 큰 단점은 매입세액이 작고 환급을 못 받는다는 점이다. 일반 과세자의 매입세액은 10%인데, 간이과세자의 매입세액은 공급 대가의 0.5%이다. 즉 내가 낼 세금에서 차감되는 금액이 적다.

> ***간이과세자의 부가가치세 계산**
> 매출세액 (공급 대가 x 업종별 부가율 x 10%)
> - 매입세액 (공급 대가 x 0.5%) = 부가가치세

절세의 기본은 '빼기'를 크게 하는 것이다. 사업 초기에 인테리어를 하고 장비를 구매하고 특정한 차량을 구매하는 경우가 있다. 이런 경우 일반과세자가 유리하다. 몇 천만 원 혹은 몇 억의 10%만큼 매입세액 공제가 되어 낼 세금에서 차감되거나 환급을 받을 수 있다.

※ 간이과세와 일반과세자의 비교

구분	일반과세자	간이과세자
과세기간	1기 1.1~6.30 2기 7.1~12.31	1.1~12.31
신고 기간	과세기간 후 익월 25까지	과세기간 후 익월 25까지
예정신고	1~3월은 4.25까지 7~9월은 10.25까지	1~6월 : 7.25일까지 예정신고(2021년 신설, 세 금계산서 발행하는 간이과세자의 경우)
포기 제도	매출이 떨어지면 일반과세자로 자동 변경	간이과세 포기 신청을 하면 간이과세 포기 가능 (매출이 올라 기준선을 넘으면 다음 해 자동으로 일반)
납부세액	공급가액*10%-매입세액	공급대가*부가가치율*10% -공급대가*0.5%
면제금액	없음	4800만 원 미만 면세
의제매입세액공제	업종 제한 없음	2021.7.1 이후 폐지
신용카드 공제	카드 매출*1%	

아래의 홈택스 링크에서 일반 과세자와 간이과세자의 세액을 비교해 볼 수 있다. 사업 초기 매입세액이 많지 않은 이상 확실히 간이과세자가 세금 적인 면에서 유리한 것을 알 수 있다.

> **홈택스메인화면 〉 우측하단 세금종류별 서비스 〉 세금모의계산 〉 부가세세액비교모의 계산**
>
> https://teht.hometax.go.kr/websquare/websquare.wq?w2xPath=/ui/rn/a/b/a/e/UTERNAA808.xml
>
>

(3) 간이과세자는 항상 증빙의 문제가 따라다닌다.

간이과세자의 또 다른 단점은 바로 증빙이다. (증빙에 대해서는 챕터3.에서 다룬다.) 일반적인 사업체 구매자, 즉 일반 사업자와 법인 사업자는 물건이나 서비스를 구매할 때 적격증빙, 주로 세금계산서를 발행받기를 원한다.

그런데 간이과세자는 적격증빙인 〈세금계산서〉를 발행할 수 없다. 적격증빙 중 〈신용카드 매출전표〉와 〈현금영수증〉은 발행이 되는데, 간이과세자로부터 받은 것은 구매자가 매입세액 공제 적용을 받을 수 없다. 즉 구매자가 간이과세자에게 어떤 것을 사면 10%만큼 부가세에서 감해주는 매입세액 공제 혜택을 주지 않겠다는 것이다.

단, 2021년 7월 1일부터 법이 바뀐 부분이 있다. 연 매출 4800 이상인 간이과세자는 세금계산서를 발행할 수 있다. 즉 연 매출이 4800 이상이면 〈세금계산서 발급 의무가 있는 간이과세자〉로 신분이 바뀐다고 생각하면 된다. 마찬가지로 이들로부터 받은 〈신용카드 매출전표〉와 〈현금영수증〉도 적격증빙으로 인정이 된다. 구매자는 매입세액 공제의 혜택을 받을 수 있다.

그렇다면 구매자 입장에서 생각해 보자. 이 판매자가 〈세금계산서 발급 의무가 있는 간이과세자〉인지 어떻게 알 수 있을까?

홈택스로 조회할 수 있다. 홈택스의 조회/발급의 〈사업자등록번호

조회〉에서 간이과세자 (세금계산서 발급 사업자)라는 표시를 볼 수 있다.

*간이과세자의 장단점.

간이 과세자	내용	비고
장점	1. 부가세 매출세액이 적다. 2. 연 매출 4800 미만은 　부가세가 없다.	세금신고 시 매출은 받은 돈 총액이며, 매입세액은 계산하여 기재한다.
단점	1. 적격증빙 발행이 안 된다. 2. 매입세액 인정액이 적다. 3. 매입세액 환급도 안 된다.	연 매출 4800 이상자는 적격증빙 발행이 가능하다.

2. 간이과세자 아무나 못 한다

간이과세자는 아무나 할 수 없다. 간이과세자는 부가세가 매우 적기 때문에, 사업의 초기 단계에 많은 사람이 하고 싶어 한다. 국세청도 이를 알고 있으므로 아무나 할 수 없도록 제한을 두고 있다.

신규 사업자는 연간 매출이 8천만 원 미만으로 보아서 간이과세자로 신청할 수 있다. 어떤 지역에서는 간이과세자를 못하도록 하는 지역 기준도 있다. 아래와 같은 업종은 간이과세자를 할 수 없다.

※ 간이과세자가 배제되는 경우

1. 간이과세가 적용되지 않는 다른 사업장을 보유하고 있는 사업자
2. 업종, 규모, 지역 등을 고려하여 대통령령으로 정하는 사업자 - 광업 - 제조업 (최종소비자에게 제공 일부 제조업은 허용, 양복점 과자점, 재생용 재료 수집판매업 등은 허용) - 도매업, 상품중개업, 해외구매대행 - 전문자격사 - 건설업 (도배업, 인테리어 공사업 등 일부 허용) - 과학기술 서비스 (인물사진, 행사용 영상 촬영업 등 허용)
3. 부동산임대업 또는 과세유흥장소를 경영하는 사업자로서 해당 업종의 직전연도의 공급대가의 합계액이 4800만 원 이상인 사업자
4. 둘 이상의 사업장이 있는 사업자로서 그 둘 이상의 사업장의 직전연도의 공급대가의 합계액이 8천만 원 이상인 사업자

규모 있는 사업을 하는 사람들은 간이과세자가 어렵다. 프랜차이즈와 같이 초기 비용이 많이 들어가는 업종은 처음부터 매입 세금계산서를 받으면서 일반과세로 시작하는 것이 좋다. 간이과세자는 매입세액 공제와 환급이 안 되기 때문이다.

3. 간이과세자 졸업하기

간이과세자는 장점도 있지만, 세금계산서를 발행하지 못한다는 단점이 있다. (단 위에서 보았듯이 법 개정으로 이제 매출 4800만 원 이상 간이과세자는 발행할 수 있다.) 이 같은 문제는 판매에도 영향을 준다.

업종에 따라 다르겠지만 보통 큰 거래액은 기업고객이 많다. 기업을 상대로 거래를 할 때 보통 세금계산서 발행을 요청한다.

기업고객은 단가 차이가 크지 않다면 거래 안정성을 더 중요시한다. 즉 한번 거래 시 만족하면 반복구매를 한다. 이런 우량고객을 세금계산서 문제로 놓치는 경우도 많다. 따라서 회사의 규모가 커지면 일반 사업자로의 전환도 고려할 만하다.

일반적으로 기업의 거래액은 개인보다 크기 때문에 놓치면 아깝다. 고객 중 기업이 많다면 간이과세를 포기하는 것이 나을 듯하다. 일반 소비자만 상대하는 유통업의 경우 간이과세가 훨씬 유리한 것은 사실이다.

사업이 잘 되어서 매출 기준을 넘으면 일반 과세자로 전환이 된다. 혹은 매출과 관계없이 간이과세자 포기 신청을 하면 다음 달부터 일반 과세자로 전환할 수 있다. 이 경우 거래하고 있는 세무사가 있다면 사업자 유형이 일반에서 간이로 바뀌거나 혹은 반대로 바뀌는 경우 알려주도록 하자.

결론

사업 초기에는 간이과세자로 시작하면 좋다. 시장에서 나의 서비스와 제품을 테스트하는 단계이고 시행착오도 많은 시기이다. 그래서 세금은 최대한 적게 내는 것이 좋다.

그러다 사업이 될 만하면 일반 과세자로 업그레이드하자. 인테리어도 하고 장비도 구매하고 사업용 차량도 구매하고 제대로 투자하자. 부가세에서는 매입세액 공제를 받고, 소득세에서는 비용처리를 받아 절세할 수 있다.

[4] 개인사업자 vs 법인

1. 처음에는 〈개인사업자〉로 하라고?

어느 정도 맞는 말이다. 사업을 시작하고, 아무것도 없는 단계라면 〈개인사업자〉가 유리하다. 〈개인사업자〉와 〈법인사업자〉의 전체적인 세율을 비교하면 법인사업자의 세율이 낮아서 유리하다. 하지만 가장 낮은 구간의 세율은 6%로 〈개인사업자〉가 유리하다.

법인은 복식부기로 장부를 작성해야 해서 무조건 세무사에게 기장을 의뢰해야 한다. 즉, 법인은 무조건 세무관련 비용이 발행한다는 뜻이다. 그리고 〈법인〉의 설립 절차는 〈개인사업자〉보다 복잡하다. 법무사에게 지불해야 하는 등기비용도 있다.

개인사업자는 사업 첫해에 소득세 신고 시 무기장 가산세가 없는 단순경비율을 적용받을 수 있는 큰 혜택이 있다. 즉, 세금을 적게 낼 수 있다. 사업 초기에 세금신고 방식을 경비율 혹은 간편장부를 사용할 수 있어서 규모가 커지기 전까지 부담이 적다.

또한, 음식점처럼 일반 소비자를 대상으로 한 업종은 개인사업자로 사업자등록을 해야 〈신용카드 발행 세액공제〉와 같은 혜택을 얻을 수 있다.

★ 종합소득세 세율 (~2022)

과세표준	세율 누진공제
1,200만 원 이하	6% -
1,200만 원 초과~4,600만 원 이하	15% 108만원
4,600만 원 초과~8,800만 원 이하	24% 522만 원
8,800만 원 초과~1억5천만 원 이하	35% 1,490만 원
1억5천만 원 초과~3억 원 이하	38% 1,940만 원
3억 원 초과~5억 원 이하	40% 2,540만 원
5억 원 초과~10억 원 이하	42% 3,540만 원
10억 원 초과	45% 6,540만 원

★ 개정 종합소득세 세율 (2023~)

과세표준	세율 누진공제
1,400만 원 이하	6% -
1,400만 원 초과~5,000만 원 이하	15% 126만원
5,000만 원 초과~8,800만 원 이하	24% 576만 원
8,800만 원 초과~1억5천만 원 이하	35% 1,544만 원
1억5천만 원 초과~3억 원 이하	38% 1,994만 원
3억 원 초과~5억 원 이하	40% 2,594만 원
5억 원 초과~10억 원 이하	42% 3,594만 원
10억 원 초과	45% 6,594만 원

★ 법인세율 (~2022)		★ 개정 법인세율 (2023~)	
과세표준	세율 누진공제	과세표준	세율 누진공제
2억 원 이하	10%	2억 원 이하	9%
2억~200억 원	20%	2억~200억 원	19%
200억~3,000억 원	22%	200억~3,000억 원	21%
3,000억 원 초과	25%	3,000억 원 초과	24%

따라서 사업 초반에는 〈개인사업자〉가 〈법인사업자〉보다 나을 듯하다. 그러나 〈법인사업자〉의 장점도 상당하므로 자신의 상황에 맞게 판단해야 한다.

법인사업자와 개인사업자의 가장 큰 차이는 '회사의 주인이 누구냐?'이다. 개인사업자의 주인은 회사의 대표 즉 사장이다. 그러나 법인의 주인은 회사 그 자체가 주인이다. 따라서 개인사업자의 대표는 회사의 돈이 자기의 돈이다. 마음대로 써도 된다. 그러나 법인의 대표는 회사의 돈을 마음대로 쓸 수 없다. 법인의 대표도 회사의 직원일 뿐이며, 회사돈을 빼면 회사돈을 빌린 것으로 간주된다.

2. 법인사업자를 하는 이유

(1) 세금 부담이 적다.

과세표준이 1200만 원을 넘어선다면 법인세의 세율이 훨씬 유리하다. 대부분 사업자가 월 1000만 원은 벌기를 원한다. 단순화시켜 과세표준이 1억 2천이라고 가정하면, 〈개인사업자〉는 35%의 세율 구간에 속하게 되지만, 〈법인사업자〉는 10%이다. 사회보험료까지 따져보면 개인사업자로 월 1000을 찍어도 상당 부분이 세금으로 나간다.

법인의 소득을 배당하는 경우에는 개인이 부담하는 소득세가 더 많아질 수 있다. 그러나 세율과 조세 지원정책을 종합적으로 볼 때 법인이 유리한 편이다.

(2) 자금확보가 유리하다.

자금확보가 유리하다. 특히 정부 지원금을 받기 수월하다. 내가 하는 사업이 성장 가능성이 있는 업종이라면 정부의 정책 자금을 사용할 수 있다. 물론 〈개인사업자〉도 해당하지만, 비슷한 조건일 때 〈법인〉의 형태가 훨씬 유리하다. 정책 자금의 경우 저리로 1억 원 내외의 자금을 조달할 수 있는데, 개인이 은행에서 돈을 빌리는 것보다 훨씬 조건이 좋다.

(3) 사회적 신용도가 높다.

일반인들의 시각에서는 〈법인 기업〉이 공신력이 있다. 단순히 있어 보인다는 이미지로 끝나지 않는다. 실제로 유리하다. 법인 기업에서는 법인 대표 개인이 회사와 분리된다. 〈개인사업자〉와 달리 대표

마음대로 회사의 통장에서 자금을 사용할 수 없게 되어있다. 우수한 직원들도 〈개인사업자〉보다 〈법인〉을 더 선호한다. 금융권의 대출도 〈법인〉이 유리하며, 앞으로 회사가 잘 되어서 상장에 도전해 볼 수도 있다.

참고 : 법인설립 스스로 하는 법

창업진흥원에서 〈온라인법인설립시스템〉이라는 사이트를 운영하고 있다. 이곳에서 무료로 법인설립 신청을 하면 담당자의 도움을 받아서 법인을 설립할 수 있다.

https://www.startbiz.go.kr/index.do#main05](https://www.startbiz.go.kr/index.do#main05)

---

*대표의 자금사용 : 개인 vs 법인

-개인회사 : 사업주가 회사 통장에서 자유롭게 출금가능
-법인회사 : 회사대표가 회사 돈을 마음대로 쓸 수 없음.
가) 통장에서 없어진 돈
→ 가지급금 인정이자. 인정이자 불이익 : 대표이사상여
　　근로소득세과세, 법인세 과세
나) 대표이사의 돈을 법인에 넣어 쓰는 경우 → 가수금
　　(이자 일부 비용인정x)

[5] 프리랜서로 사업준비 하기

1. 부업을 할 때 마주치는 세금 문제

앞서 사업자등록에 대해서 알아보았다. 그런데 여러 가지 이유로 사업을 바로 시작하기 어려운 사람들도 있을 것이다. 사업자금을 더 모으고 싶다거나 부업의 형태로 일을 하면서 더 경험을 쌓고 싶을 수 있다. 혹은 사업성을 확인하고 싶은 경우도 있을 것이다. 이번 장에서는 부업의 형태로 일할 때의 세금 관계를 알아보겠다.

부업을 하는 사람은 한 번쯤은 '사업자등록'에 관한 문제로 고민을 한다. 부업을 하고 돈을 받을 때를 생각해 보자. 내가 잔기술(?)이 있어서 부업을 한 경우, 많은 경우 3.3%를 떼고 돈을 받는다. 이 3.3%는 원천세이다. 원천세는 세금의 이름을 아니다. 원래의 일정보다 미리 떼었다고 해서 원천세라고 부른다. 사업자에게는 원천세의 신고 자체가 비용증빙의 수단이기도 하다.

원천세는 소득세라고 할 수 있다. 내가 사업자등록증이 없으면 나를 프리랜서로 보게 된다. 프리랜서는 주로 인적 용역을 제공하는 사람이다. 강의, 서비스, 영업 등에 대한 업무인 경우, 즉 몸으로 때워서 돈을 버는 경우가 많다. 한편, 부업 중 온라인 판매와 같이 물건을 떼와서 판매하는 업종이라면 프리랜서가 아니다. 사업자를 내야 한다.

프리랜서가 부업을 할 때 마주치는 첫 세금 문제는 '사업자등록'이다.

(1) 사업자를 내야 할지? 지금과 같이 프리랜서로 버틸지?
(2) 사업자를 낸다면 어떤 유형으로 내야 할지?

이에 관한 내용을 아래에서 정리해 본다.

2. 프리랜서와 사업자(일반, 간이)의 비교

부업이 이제 시작 단계라면 프리랜서와 사업자 사이에 아주 큰 차이는 없다. 부가세와 소득세의 계산 방법이 조금 다르다. 미리 냈다가 나중에 정산하느냐? 아니면 아예 안 내고 있느냐의 차이이다. 결과는 거의 비슷하다.

매출이 크지 않은 초기라면 우선은 프리랜서를 유지해도 무방할 듯 싶다. 사업자를 내면 부가세 신고를 해야 해서 조금 귀찮다. (물론 경험 삼아 직접 해보는 것이 큰 도움이 된다)

구분	프리랜서	일반과세자	간이과세자
100만 원 매출 시	ex> 100만 원 매출 시 3.3% 제외한 96만 7천 원 받는다.	ex> 100만 원 매출 시 110만 원을 받는다. 10만 원은 내 돈이 아닌 매출세액이다	ex> 110만 원을 받아서 10만 원이 아닌 3만 3천 원이 세액이다.(서비스업 부가율 30%)
부가세	프리랜서는 부가세 신고 의무가 없다. 면세사업자로 분류. 부가세 환급도 안 된다.	부가세 신고의무 O 매입세액공제 O	부가세 신고의무 O 매입세액공제 少 환급X
소득세	원천세 3.3% 낸 것은 미리 낸 것이다. 5월에 종합 소득세 신고할 때 그 금액을 뺀 금액만큼 추가 납부	작년 1년 동안 번 매출에서 비용 빼고 소득세 계산. 결정세액과 기납부세액을 비교해 환급 or 납부	
	경비처리 △	경비처리 O	
세금계산서	발행 불가능	발행 O	조건부 발행
조세감면 지원책	없음	있음 (청년창업중소기업 세액감면 등)	
신뢰도	프리랜서 < 간이과세자 < 일반과세자		

3. 매출이 커지면 사업자를 내는 것이 유리하다.

매출이 커지면 이야기는 달라진다. 매출이 늘면 사업자를 내고, 기장도 세무사에게 맡기는 것이 좋다. 소득세의 부담이 커지기 때문이다.

프리랜서는 절세를 하기 힘들다. 경비처리가 힘들기 때문이다. 사업자는 사업용 신용카드를 홈택스에 등록하고 카드를 사용하면 비용처리가 쉽다. 반면, 프리랜서의 경우에는 신용카드 사용액을 경비로 넣어도 부인당하는 경우가 꽤 많다. 사업용과 비사업용의 구분이 어렵기 때문이다.

이 경우 최대한 장부라도 쓰면 비용을 인정받을 수 있다. 간편장부 정도는 조금의 노력을 기울이면 할 수 있다. 그런데 대부분 프리랜서는 바쁜 생활 속에서 이조차도 신경 쓰지 못하는 것도 사실이다. 이 부분은 다음의 챕터에서 다룬다.

참고 : 프리랜서 사업자의 비용처리 항목 (장부 작성 시)

1. 출장비 등의 여비교통 숙박비
2. 거래처에 대한 식대 및 경조사 지출 등의 접대성 비용
3. 보험료 및 유류비 등의 차량 유지 관련 비용
4. 업무 관련 지출 교육훈련비나 도서구입비
5. 사무용품이나 업무 관련 소모품비
6. 광고선전비
7. 휴대폰 통신비
8. 기타 사업 관련 품위유지 및 기타 지출 등

만일 고소득 프리랜서라면 머리 싸매지 말고 5월 종합소득세 신고 시에 세무사 사무실에 신고만 대리를 해서 맡기는 방법도 나쁘지

않다. 그러면 1년 치 기장을 소급해서 복식부기로 기장을 하고 신고를 한다. 〈기장 세액공제〉과 비용처리가 어느 정도 된다. 신용카드와 계좌이체 내역을 정리해서 비용처리 할 것을 조금이라도 건질 수 있다.

그렇다면 사업자를 낼지를 판단하는 구체적인 매출액 기준이 있을까? 정해진 법은 없지만, 프리랜서의 소득세 신고기준을 참고해서 판단해 볼 수 있다.

연수입 기준	소득세 비용처리에 따른 사업자등록 여부 고민해 보기
7500만 원 이상	프리랜서의 경우 1년 매출이 7500만 원 이상이면 장부기장을 해야 하는 복식부기 의무자가 된다. 세무사를 써야 하고, 비용처리가 중요해진다. 이쯤 되면 사업자를 내야 한다.
2400~7500만 원	이 구간에서 장부기장을 안 하면 〈기준경비율〉 대상자가 된다. 기준경비율은 인건비, 매입 경비, 임차료와 같은 중요한 금액은 증빙에 의하고, 나머지는 〈기준경비율〉을 적용하는 것이다. 문제는 프리랜서의 경우 대개 내 몸 때워서 돈을 버는 사람들이다. 인건비, 매입비, 임차료가 거의 없다. 그런데 연수입에서 이 거의 없는 금액을 뺀 나머지에 대해서 〈기준경비율〉이 적용되어 비용이 되는데 이 퍼센트가 낮다. 그래서 이 구간에서 장부기장을 안 하면 세금을 많이 내게 된다. 이 문제를 해결하려면 장부를 써야 한다. 복식부기는 어려워서 세무사를 써야 하는데, 매출 7500만 원 미만까지는 간편장부를 써도 무방하다. 이 구간에서 사업자등록을 하지 않는 사람들도 많다. (비용처리도 별 신경을 쓰지 않는다.) 다른 수입이 있는 경우라면 프리랜서를 그대로 유지해도 상관은 없을 듯하다. 그러나 사업을 키울 목적이라면 사업 자금이나 비용처리 등의 문제를 만나게 되므로, 이 구간부터 사업자를 내는 것이 낫다고 본다. 다만, 사업자를 낸 안 낸든 〈경비율 신고〉대신 〈장부 신고〉를 선택하여 '간편장부' 정도는 연습 삼아 써보는 것이 사업 공부에 도움이 될 것이다.
2400만 원 미만	매출이 2400만 원 밑이면 장부기장을 안 했을 시 〈단순경비율〉대상이다. 소득세 계산할 때 〈필요경비〉를 증빙도 없이 빼주는 것이다. 증빙도 없이 빼주는 퍼센트가 크다. 매출이 작고 상대적으로 혜택이 큰 구간이다. 사업자등록을 굳이 안 해도 된다.

〈참고 : 인적용역제공사업자 (업종코드 94****)는 수입금액 4천만원까지는 단순경비기본율을 적용한다.〉

참고로 자신이 장부에 관련해 어떤 유형인지는 5월에 종합소득세 신고 안내문에 나온다. 간편장부, 단순경비율은 홈택스에서 쉽게 처리할 수 있다. 기준경비율, 복식부기부터는 어렵다.

사업자등록을 하면 다른 혜택들도 있다. 청년창업기업과 같이 만 34세가 미만자가 최대 100%까지 소득세를 감면을 받는 제도도 있다. 즉, 세금을 거의 안내는 제도도 있다. 예를 들어 서울 경기지역은 소득세 50% 절감할 수 있고, (창업 지원 세제 혜택) 그 외의 지역은 소득세 100% 감면을 해 세금을 몇만 원 정도만 낼 수도 있다.

4. 프리랜서가 사업자를 낸다면 간이로 할까? 일반 으로 할까?

일단 사업자를 내기로 했다면 어떤 것이 나을까? 프리랜서가 사업자를 낸다면 간이보다는 일반과세자가 나을 듯싶다. 프리랜서와 간이과세자는 사실상 큰 차이가 없기 때문이다.

유통업의 경우는 확실히 간이과세가 유리하다. 세금을 일반 과세자보다 적게 내는데 떼오는 물건의 원가는 어느 정도 정해져 있다. 따라서 일반 과세자보다 마진의 폭이 넓다. (물론 간이 사업자의 경우 매입세액 공제의 혜택이 없다) 그런데 프리랜서와 같은 인적용

역의 경우 원가는 나의 시간과 노력이고 매출액의 절대적인 기준이
없다.

따라서 개인적인 생각으로는 프리랜서와 같은 인적용역을 공급하는
사람들은 사업자를 안 내면 모를까? 낸다고 하면 간이과세자보다는
일반과세자가 나을 듯하다. 일반 과세자는 〈세금계산서 발행〉과
〈매입세액공제〉라는 강력한 무기가 있다.

일반 과세자는 세금계산서를 발행할 수 있다. 기업들을 상대하다
보면 세금계산서 발행이 거의 필수이다. 또한, 간이과세자보다는 일
반과세자가 더욱 신뢰감을 준다. 간이과세자도 세금계산서를 발행할
수 있는데 4800만 원을 넘는 간이과세자만 세금계산서를 발행할
수 있다.

또한, 일반과세자는 매입세액 공제가 가능하다. 프리랜서의 경우에
는 부가세 공제 혜택이 없는 것은 물론 소득세에서도 경비 처리할
것들이 별로 없다. 반면 일반 과세자로 업그레이드한다면 부가세
매입세액 공제의 혜택과 더불어 소득세에서의 비용처리를 함께 누
릴 수 있다.

5. 사업소득이냐 vs 기타소득이냐?

(1) 사업소득 3.3%가 기타소득 8.8%보다 세금이 과연 적을까?

프리랜서가 돈을 받을 때 3.3% 떼고 받는 것을 앞서 사업소득이라

고 했다. 그런데 기타소득으로 처리할 수도 있다.

사업소득과 기타소득의 차이는 연속성이다. 이 일을 계속해서 그걸로 돈을 받으면 사업소득, 1~2회 성으로 그치면 기타소득이다. 계속할 것인지 이번 한 번만 할 건지는 주장에 따라서 사실 바뀔 수 있는 부분이다. 현실에서는 돈을 주는 측과 협의를 해서 처리하는 편이다. (강사와 같이 왔다 갔다 할 수 있는 분야에 한함)

소득의 종류	상황	원천징수 금액
사업소득	프리랜서가 계속, 반복적으로 용역을 제공하는 경우	지급액의 3.3 %
기타소득	프리랜서가 일시적으로 용역을 제공하는 경우	지급액의 8.8 %

사업소득으로 하면 3.3%만 떼고 받지만, 기타소득은 8.8%를 떼고 받는다. 언뜻 보면 사업소득으로 처리하는 것이 유리한 것 같다. 실무에서도 세금은 고려하지 않고 3.3%만 떼고 주는 경우도 많다. 어렵게 강사님을 모셔왔는데, 거의 9% 정도를 떼고 주려니 미안하기 때문이다. (아예 세금도 안 떼고, 신고도 빠뜨리는 경우도 많다. 탈세다.)

그러나 실제로는 〈사업소득〉으로 처리하든 〈기타소득〉으로 처리하든 큰 차이가 없거나, 오히려 〈기타소득〉으로 처리하는 것이 훨씬 더 유리한 경우도 많다.

(2) 분리과세 알아보기

〈분리과세〉가 뭘까? 이 개념을 알면 선택을 할 수 있다.

일단 〈사업소득〉이든 〈기타소득〉이든 아래와 같이 원천징수를 하고 다음 해에 종합소득세 계산을 하는 것을 기본 원칙이라고 생각하자.

- 3.3%를 떼고 지급, 다음 해에 〈사업소득〉으로 신고하기
- 8.8%를 떼고 지급, 다음 해에 〈기타소득〉으로 신고하기

이 두 경우 모두 다음 해 5월 종합소득 신고 후 제대로 된 세금계산을 해서 정산을 하는 것은 같다. (이 둘의 차이는 필요경비이다. 기타소득은 60%이고, 사업소득은 업종별로 다른데 단순경비율의 경우 사업소득이 조금 유리한 편이다.)

그런데 기타소득 중에는 원천징수 시점에서 낸 8.8%로 종결을 지을 수 있는 때도 있다. 이 경우 내년 5월 종합소득으로 넘어가지 않는다. 이를 〈분리과세〉라고 한다.

소득세는 누진세 구조이다. 개인의 모든 소득을 합산하여 세율이 곱해진다. 소득이 높을수록 높은 세율이 적용된다. 그래서 개인의 전체적인 소득이 높을수록 기타소득, 그중에서도 원천징수로 끝내버리는 방법이 훨씬 유리하다.

다시 한번 정리하자면 사업소득에 합산하지 않고 기타소득의 원천징수(전문용어로 완납 적 원천징수)로 과세를 끝내버리는 것을 〈분리과세〉라고 한다.

(3) 기타소득 더 알아보기

가) 기타소득 금액의 300만 원 기준이 뭘까?

기타소득을 조금 더 자세히 살펴보겠다. 기타소득도 두 가지가 있다. 기타소득은 연간 〈기타소득 금액〉이 연 300만 원 미만일 때 본인의 의사에 따라 〈종합과세〉나 〈분리과세〉 중 선택할 수 있다. 그리고 300만 원 이상일 경우에는 선택의 여지가 없다. 내년 5월에 〈종합소득〉으로 신고를 해야 한다.

기타소득 금액 연 300만 원 이상	종합소득에 포함된다. 〈종합과세〉
기타소득 금액 연 300만 원 미만	〈종합과세〉나 〈분리과세〉 중 선택 가능

여기서 〈기타소득 금액〉이란 매출이 아니다. 매출은 〈수입 금액〉이며 여기서 이 매출을 일으키기 위해 사용되었다고 인정해주는 〈필요경비〉를 차감한 것이 〈기타소득 금액〉이다.

이 필요경비는 일반적인 인적용역의 경우 수입 금액의 60%이다. 즉 100만 원을 벌었다면 60만 원은 비용으로 봐주겠다는 의미이다.

이 논리에 의하면 기준이 되는 수입 금액(매출)은 750만 원이다.

> 수입 금액 750만 원 - 필요경비 450만 원(750만 원의
> 60%) = 300만 원

즉, 내가 만약 한 해 동안 보통 750만 원 밑으로 벌고, 기타소득
8.8%를 떼고 받는다고 가정하자. 그걸로 모든 납세의무를 끝내 버
릴지 아니면 다음 해 5월에 종합소득세 신고로 넘겨 볼지 선택할
수 있다는 것이다. 무엇이 유리할지는 아래에서 다루겠다.

750만 원 이상이라면 선택권이 없다. 무조건 내년 5월에 종합과세
로 신고를 해야 한다.

나) 기타소득 8.8%는 어디서 나온 숫자일까?

기타소득을 계산해 보자. 내가 기타소득으로 100만 원을 받게 되었
다고 가정한다. 100만 원에서 필요경비 60만 원(60% 인정이라서)
을 뺀 나머지, 즉 40만 원에 대해서 20%(8만 원)를 원천징수한다.
이 8만 원이란 금액은 100만 원의 8%이다. 지방세까지 하면 8.8%
이다.

(수입 금액 100만 원 - 필요경비 60만 원) x 세율 20% = 8만 원

사실 정확하게 말하면 기타소득의 세율은 20%이다. 필요경비와 지

방세까지 고려해서 간편하게 계산한 것이 (받을 돈의) 8.8%이다. 실무에서는 보통 기타소득 8.8%라고 많이 이야기한다.

(4) 총정리 : 이것만 기억하기

프리랜서의 급여를 어떻게 처리할지 이제 결론만 기억하자.

가) 반복적이면 사업소득으로, 일회성이면 기타소득으로 처리하자.

원칙대로 신고하는 편이 낫다. 만약 배달 라이더 등의 경우는 계속성이 누가 봐도 명확하다. '사업소득'으로 처리해야 한다. 애매할 때도 있는데 대표적인 예가 강사이다. 이 경우는 사업소득으로 할 것인지 기타소득으로 할 것인지 융통성을 발휘하기도 한다.

그런데 실질에 맞도록 하는 편이 마음 편하다. 특히 고소득자의 경우 프리랜서 활동을 하고 기타소득으로 분리과세 처리하는 경우 후에 사업소득으로 추징당하는 경우가 있다.

나) 기타소득으로 처리하는 경우

연 750만 원 정도 이상으로 번다면, 선택의 여지가 없이 종합소득 신고를 해야 한다. 그 미만이라면 〈분리과세〉로 종결을 하든지, 〈종합소득신고〉를 하든지 선택을 할 수 있다. 아래의 표와 같다.

자신의 과세표준 구간을 대략 가늠해 보고 선택을 하자. 4600만 원 밑이면 종합소득신고를 하고, 이를 초과한다면 분리과세로 종결을 하자.

기타소득 수입금액	지급시		내년 5월	의사결정
연750만원 이상 시	8.8%공제		종합소득신고	-
연750만원 미만 시	선택 가능	8.8%공제	종합소득신고	- 종합소득 과세표준구간이 4600만 원 이하시 종합소득신고가 유리. 환급 발생
		8.8%공제	분리과세종결 종합소득세 신고X	- 종합소득 과세표준구간이 4600만 원 초과시 분리과세가 유리 - 기타소득세율은 20%인데, 종합소득으로 넘어가면24% 이상의 높은 세율이 적용

* 기타소득수입금액 750만원 = 기타소득금액 300만원
* 일반적인 경우의 기타소득 기준.(복권당첨금, 승마투표권 환급금 등 제외)

*참고 : 종합소득세 세율

★ 종합소득세 세율 (~2022)

과세표준	세율 누진공제
1,200만 원 이하	6% -
1,200만 원 초과~4,600만 원 이하	15% 108만원
4,600만 원 초과~8,800만 원 이하	24% 522만 원
8,800만 원 초과~1억5천만 원 이하	35% 1,490만 원
1억5천만 원 초과~3억 원 이하	38% 1,940만 원
3억 원 초과~5억 원 이하	40% 2,540만 원
5억 원 초과~10억 원 이하	42% 3,540만 원
10억 원 초과	45% 6,540만 원

★ 개정 종합소득세 세율 (2023~)

과세표준	세율 누진공제
1,400만 원 이하	6% -
1,400만 원 초과~5,000만 원 이하	15% 126만원
5,000만 원 초과~8,800만 원 이하	24% 576만 원
8,800만 원 초과~1억5천만 원 이하	35% 1,544만 원
1억5천만 원 초과~3억 원 이하	38% 1,994만 원
3억 원 초과~5억 원 이하	40% 2,594만 원
5억 원 초과~10억 원 이하	42% 3,594만 원
10억 원 초과	45% 6,594만 원

<복습>
총수입금액 - 경비 = 소득 금액
소득 금액 - 소득공제 = 과세표준

(5) 꼼수?

위의 상황은 정석대로 처리한 것이다. 그런데 현장에서는 세금을 덜 내기 위해서 약간의 꼼수를 쓰기도 한다.

나의 사업소득이 <단순경비율>을 적용받는 커트라인 기준까지는 사업소득으로 처리하고 나머지는 기타소득으로 처리하는 방법도 있다. 업종 코드 94로 시작하는 인적용역자는 4000만 원, 그 외의 프리랜서는 2400만 원까지 단순경비율이 적용된다

<단순경비율>은 대부분 비용인정을 많이 해주도록 설계를 해놓았다. 기타소득의 필요경비 60%보다 경비율이 대체로 높다. 해당 업종의 경비율이 70%~80% 정도인 경우에는 이런 방법을 쓰면 세금을 절약할 수 있다.

그런데 관리하기 복잡할 수 있고, 국세청이 혹여 불이익을 줄까 하는 우려가 있는 것도 사실이다. 따라서 실질에 맞게 처리하는 것을 추천한다.

[6] 투잡으로 준비하면 회사가 알까?

사대보험요율(2023)

명칭	전체요율	근로자부담	사업주부담
국민연금	9 %	4.5 %	4.5 %
건강보험 (장기요양보험)	7.09 % (건강보험의 12.81%)	3.545 %	3.545 %
고용보험 (고용안정, 직업능력개발사업)	1.8 % (150인 미만:0.25 %)	0.9 %	0.9 % (근로자 150인 미만 0.25%회사가 부담)
산재보험	업종별상이	-	- 사업종류별 요율 : 전업종 평균 1.43 % (동결) - 출퇴근재해 요율 : 0.10% 으로 전년과 동결

1. 투잡을 하면 회사가 알까?

'투잡을 하면 회사가 알 수 있을까'의 문제는 사대보험과 관련이 있는 주제다. 일단 직접 회사가 알 방법은 없다. 다만 사대보험의 변동에 따라서 회사가 추측하거나, 알게 될 수도 있다.

(1) 투잡의 형태가 〈회사원 + 개인사업자〉라면 회사는 알 수 없다

투잡의 유형 중 이 형태가 가장 일반적이지 않을까 생각된다. 이때의 개인사업자는 사업자등록을 하지 않은 프리랜서도 포함된다. 회사에서 연말정산을 하면서 투잡 여부를 확인할 방법은 없다. 사대보험도 일단 기존 직장에 속해서 기존과 똑같이 내면 된다.

"투잡으로 소득이 늘어나면 건강보험료도 당연히 올라가기 때문에 회사가 알 수 있지 않나요?"

걱정할 필요는 없다. 기존 회사의 월급분에 대한 건강보험료는 절반을 회사에서 내주고 있다. 그런데 회사 밖에서 창출한 소득에 대한 건강보험료도 기존의 회사가 반을 내주는 것은 이치에 맞지 않는다. 따라서 추가 소득에 대한 건강보험료는 고지서가 집으로 날아온다. 이를 소득월액 보험료라고 한다. 월급 외 소득에 추가로 매기는 세금이다. (직장인이 내는 일반적인 보험료는 보수월액보험료이다.)

월급 외의 소득 금액이 연간 2,000만 원 이상이면 기존 직장의 건강보험료 외에 추가로 건강보험료가 부과된다.

소득월액보험료=
(보수외 소득 - 공제금액) / 12 x 소득평가율 x 건강보험료율

2,000만 원에는 투잡으로 버는 소득인 사업소득만 해당하는 것이

아니라 이자, 배당, 연금, 기타소득까지 모두 합쳐서 계산한 금액이다. 이 경우 본인이 100% 부담하는 개념이라 고지서도 회사에 통보되는 것이 아니라 나의 주소지로 온다.

몇 가지 위험 포인트가 있긴 하다. 간혹 회사에서 직원 개인의 소득 금액증명원을 확인하는 때도 있다. 혹은 기중에 회사에서 징수했던 건강보험료 금액보다, 연말정산 시점의 건강보험료가 더 많다는 사실을 알아차릴 경우도 있다. 이런 경우 회사에서는 이 직원이 투잡을 하고 있구나 하고 추측해 볼 수 있다.

이 경우에도 회사는 속단할 수는 없다. 근로자가 부동산 임대소득이 있을 때도 있기 때문이다. 우리나라 정서상 투잡에는 가혹해도 부동산 투자는 부러워한다. 이 외에도 이자, 배당, 연금 소득 등도 영향을 미친다. 따라서 근로자 입장에서 적당히 둘러댈 수 있다.

(2) 투잡의 형태가 〈회사원 + 회사원〉이면 회사가 알 수 있다

현 직장에서 4대 보험을 적용받는데 다른 직장에서도 4대 보험에 가입한다면 회사는 이 사실을 알 수 있다.

우선 고용보험이 문제이다. 고용보험은 중복가입이 안 된다. 그래서 공단에서는 〈주된 사업장〉을 결정한다. 월 급여가 높은 사업장, 근로시간이 많은 사업장, 양 회사 간 별 차이가 없을 경우에는 근로자가 선택한 사업장을 〈주된 사업장〉으로 정한다. 이렇게 주된 사업장을 결정하는 과정에서 직장에 통보가 갈 확률이 높다.

또한, 국민연금의 경우 각 직장의 소득을 합친 월 소득 상한 금액이 524만 원이다. 이를 초과하는 경우 각 직장의 소득 비율로 안분해서 양쪽에서 납부를 하게 된다. 따라서 직장에서 알 수 있다. 이렇게 상한 금액을 정해 놓은 이유는 개인의 납부금액이 비정상적으로 많아지는 것을 방지하기 위한 목적이다.

건강보험도 월 소득 상한의 개념이 있는데 1억 원 정도로 아주 크다. 그래서 각 직장의 안분 납부를 걱정할 필요는 없다.

산재보험의 경우 양쪽 사업장에서 중복가입이 가능해서 아무런 문제가 없다.

(3) 〈회사원 + 개인사업자〉에서 직원의 고용 시

앞서 (1) 번의 사례 〈회사원+개인사업자〉 상태에서 직원을 고용하는 경우 (2) 번처럼 된다. 즉, 원래 직장의 직장 가입자였던 내가, 이제는 직원과 함께 〈내 사업장의 직장가입〉을 하게 된다. 결국 〈4대 보험 직장 + 4대 보험 직장〉의 형태가 된다.

이 경우 (2) 번과 다른 점은 고용보험으로 투잡이 발각될 염려는 없다는 점이다. 내가 사업주라서 내 사업장에는 고용보험에 가입하지 않기 때문이다. 다만 (2) 번처럼 국민연금의 경우 524만 원 초과 시 안분 납부라는 것 때문에 투잡의 존재가 드러날 수 있다.

2. 투잡과 사업자등록 명의

※ 종합소득세 세율의 누진세 구조

★ 종합소득세 세율 (~2022)	
과세표준	세율 / 누진공제
1,200만 원 이하	6% / -
1,200만 원 초과~4,600만 원 이하	15% / 108만원
4,600만 원 초과~8,800만 원 이하	24% / 522만 원
8,800만 원 초과~1억5천만 원 이하	35% / 1,490만 원
1억5천만 원 초과~3억 원 이하	38% / 1,940만 원
3억 원 초과~5억 원 이하	40% / 2,540만 원
5억 원 초과~10억 원 이하	42% / 3,540만 원
10억 원 초과	45% / 6,540만 원

★ 개정 종합소득세 세율 (2023~)	
과세표준	세율 / 누진공제
1,400만 원 이하	6% / -
1,400만 원 초과~5,000만 원 이하	15% / 126만원
5,000만 원 초과~8,800만 원 이하	24% / 576만 원
8,800만 원 초과~1억5천만 원 이하	35% / 1,544만 원
1억5천만 원 초과~3억 원 이하	38% / 1,994만 원
3억 원 초과~5억 원 이하	40% / 2,594만 원
5억 원 초과~10억 원 이하	42% / 3,594만 원
10억 원 초과	45% / 6,594만 원

(1) 소득세 절세의 기본은 명의 분산

종합소득세 절세의 기본은 명의 분산이다. 누진세율 구조이기 때문에 소득이 높아질수록 세금을 더 내게 된다. 종합소득세는 인별 과세이고 한 사람 앞에 소득을 몰아놓으면 높은 세율이 적용된다.

이렇다 보니 제3자의 명의를 빌려서 사업자등록을 하는 꼼수도 생긴다. 명의를 빌리면 세금뿐만 아니라 4대 보험료도 따라가기 때문에 일이 복잡해진다. 제3자로부터 명의를 빌리거나 빌려주는 행동은 절대 하지 말자. 과세 질서를 해치는 행동이다.

가족의 명의는 어떨까? 가족의 경우 현명한 선택일 수 있다. 남편이 직장인이고 투잡으로 개인사업자를 내는 경우 사업자 명의를 와이프의 명의로 하면 세금 면에서 유리하다.

(2) 와이프 명의로 사업자를 내는 경우 건강보험료 문제

상기에서 보았듯이 투잡의 경우 와이프 명의로 하는 것이 사업의 큰 흐름에서는 현명하다. 그런데 건강보험료에서 약간의 문제가 생긴다. 와이프가 사업주가 되면 더 이상 (직장인인) 나의 건강보험 피부양자가 될 수 없다. 와이프는 건강보험 지역가입자로 전환이 된다.

지역가입자의 경우 일반적으로 보험료가 더 세다. 10~20만 원은 기본으로 더 낸다. 직장 가입자는 오로지 월급만을 기준으로 보험료가 계산되고 이마저도 회사와 반씩 부담을 하니 금액이 적다. 반면 지역가입자의 경우 소득은 물론 재산에도 보험료가 부담되고 혼자서 모두 내야 하니 금액이 많다. 자산이 많은 부자일수록 건보료 액수는 커진다.

따라서 내가 하려는 투잡이 큰 욕심을 부리지 않고 사업화를 시험하는 단계이거나, 소득이 낮을 것으로 예상이 된다면 굳이 와이프의 명의로 사업자를 내지 않아도 된다. 직장인인 내 명의로 사업자를 내도 내 생활이 변하는 것은 아무것도 없다. 직원을 고용하지 않는다면, 원래의 직장에서 4대 보험료를 그대로 내면서 투잡을 천천히 시작해 볼 수 있다. 그러다가 매출이 커지면 그때 가서 명의를 바꾼다든지 원 직장을 퇴사한다든지 어떤 결정을 내릴 수 있을 것이다.

지역가입자의 건강보험료 과다 납부 문제를 해결하는 방법도 있다. 직원을 한 명 고용하는 것이다. 직원을 고용하고 그 직원의 월급만큼 와이프의 월급을 맞추면 된다. 그러면 건강보험료가 낮아진다. 사실 현장에서는 이 부분에서 많은 꼼수가 나오기도 한다.

3. 투잡 사업자 등록 시 주의점

투잡 사업자를 낸다면 카드를 구분하자. 사업자등록하고 나서 세팅해야 할 것들이 있다. 그중 하나가 국세청 홈택스에 〈사업용 카드 등록〉이다. 사업자 카드를 등록하면 사업 용도로 쓴 비용을 편하게 국세청에서 집계할 수 있다.

투잡 시에 주의할 점은 이 〈사업자 카드〉에는 오직 사업용 지출만 있어야 한다는 것이다. 물론 카드 1장으로 개인 지출과 사업 지출을 함께 사용하고, 홈택스에서 '불공제'로 거를 수도 있는데 너무 일이 복잡해진다. 그러므로 아예 카드 자체를 따로 쓰는 편이 낫다.

또한, 근로자라면 1년에 한 번씩 〈연말정산〉을 한다. 자신이 1년 동안 낸 근로소득 원천징수 금액을 정확한 세금으로 정산해서 환급하거나, 더 징수하는 것이다. 이때 개인이 사용한 신용카드를 불러와서 소득공제용으로 사용한다.

자신의 부업 사업자에서 등록한 카드 내역을 연말정산 시에 중복으로 공제 처리할 수는 없다. 사업자용 카드를 따로 만들어서 개인적 용도와 아예 섞이지 않도록 하는 편이 현명하다.

정리

투잡의 형태가 〈직장인+개인사업자〉라면 회사에서 나의 투잡 여부를 알 수 없다. 다행히 많은 투잡의 형태가 이 유형일 것이다. 개인 사업의 사업자등록을 한다면 명의를 다른 가족의 이름으로 하는 것도 절세의 방법이다.

그러나 이때 그 가족은 직장인인 나의 피부양자에서 제외된다. 지역가입자가 되어 상대적으로 비싼 건강보험료를 내게 된다. 이런 문제도 고려를 해야한다.

Chapter 2.
사업자등록, 이렇게 할 걸

[1] 업종선택 대충하면 안 되는 이유

1. 〈종합소득세의 신고유형〉 이해하기

사업을 하다가 종종 후회하는 것 중의 하나가 사업자 등록 시의 업종선택이다. 대표적인 경우가 정부 지원을 받고자 하는 경우이다. 정부가 특별히 혜택을 주는 업종이 있는데, 처음에 잘못 등록하면 혜택을 받을 수 없는 경우가 있다. 혹은 자신이 세금을 많이 내고 있는지도 모르고 있다가 먼 훗날 뒤늦게 알게 되는 예도 있다. 따라서 업종에 관한 약간의 공부도 필요하다.

우선 〈종합소득세의 신고유형〉을 익히자. 개인사업자에게 아주 중요하므로 다음의 표를 꼭 이해하자. 이 표에 나오는 '경비율'의 이해가 필수다. 많은 사람이 이를 그냥 넘긴다. 내가 개인사업자라면 〈종합소득세〉는 사업 레벨이 올라가면서 어차피 알아야 할 부분이다. 복잡해 보이는데 한 번만 이해하면 된다.

이 표를 이해하고 업종선택을 하자. 정부지원금까지도 고려할 수 있다. 쉽게 설명을 해보겠다. 참고로 아래 표 안에 있는 금액은 〈사업소득〉의 수입 금액(매출)만으로 따진다. 예를 들어 나의 다른 소득인 〈근로소득〉 등과 합산하지 않은 금액이다.

□ 직전연도 수입금액기준에 따른 〈종합소득세 신고시 정부 유형〉

업종별 구분	기장에 의한 신고 (장부를 쓰는 경우)		추계에의한 신고 (장부 안쓸 때 적용됨)	
	①복식부기 의무자	②간편장부 대상자	③기준경비율 적용대상자	④단순경비율 적용대상자
가 농업,수렵업, 임업 및 어업, 광업, 도소매업(상품중개업 제외), 부동산매매업, 아래에 해당되지 않는 사업	3억원 이상자	3억원 미만자	6천만원 이상자	6천만원 미만자
나 제조업, 숙박 및 음식점업, 전기·가스·증기 및 공기조절 공급업, 수도·하수 폐기물처리·원료재생업, 건설업(비주거용 건물 건설업은 제외), 부동산 개발 및 공급업(주거용 건물 개발 및 공급업에 한정), 운수·창고업, 정보통신업, 금융및 보험업, 상품중개, 육탕업	1.5억원 이상자	1.5억원 미만자	3천 6백만원 이상자	3천 6백만원 미만자
다 부동산 임대업, 부동산업(부동산매매업 제외),전문과학 및 기술 서비스업, 사업시설관리 사업지원 및 임대서비스업, 교육서비스업, 보건 및 사회복지 서비스업, 예술스포츠 및 여가관련서비스업, 협회 및 단체, 수리 및 기타 개인서비스업, 가구내 고용활동	7,500만원 이상자	7,500만원 미만자	2천 4백만원 이상자	2천 4백만원 미만자

일단 가, 나, 다를 구분하지 말고 위 표를 보자. 사업을 할 때는 〈장부〉를 쓰는 것이 원칙이다. 장부를 쓰고 이를 기초로 소득세를 자진신고해 세금을 낸다.

장부는 〈①복식부기〉와 〈②간편장부〉가 있다. 〈①복식부기〉는 회계지식이 필요하다. 어려우니 세무사에게 기장의뢰를 하면 해결이 된다. 배워서 스스로 한다고 생각은 하지 말자. 할 수는 있겠지만 망하는 길이다. 사업에 집중할 시간도 부족하다.

복식부기는 어차피 매출이 어느 정도 나오는 사업자가 대상이니 맘

편하게 맡기면 된다. 〈②간편장부〉는 가계부 정도라고 생각하면 된다. 혼자서 쓸 수 있는 장부이다.

---

*복식부기는 언제 적용하나?

법인사업자는 무조건 복식부기로 기장을 해야 한다.

개인사업자는 매출액에 따라 복식부기 여부가 달라진다.

---

*아래에서 위 표의 '가' 분류의 기준금액으로 예를 들어본다.

〈원칙〉 장부를 써야 한다.

☐ 내 매출액이 3억 이상이라면 〈①복식부기〉로 장부를 만들어야 한다. 이때에는 세무사에게 기장을 맡기면 된다.

☐ 내 매출액이 3억 미만이라면 〈②간편장부〉가 허용된다. 간편장부는 쉬워서 혼자 할 수 있다. 그럼에도 〈①복식부기〉로 기록을 했을 때는 세액공제의 혜택이 있다.

<예외> 장부를 쓰지 않으면 추계에 의해 세금을 낸다.

   *추계 : 추정계산

□ 내 매출액이 4억이라 가정한다. 매출 기준 3억보다 위이다. 이 때는 <①복식부기> 장부를 써야 한다. 즉 세무사에 맡겨야 한다. 만약에 장부를 쓰지 않았다면 -위의 표에서 추계신고 항목으로 넘어가서- <③기준경비율> 대상자가 된다.

□ 내 매출액이 2억이라 가정한다. 매출 기준 3억보다 아래이다. 이때에는 <②간편장부> 대상자이다. 이때 장부를 쓰지 않았다면 추계를 해야 하는데 6천만 원보다는 큰 금액이므로 <③기준경비율> 대상자가 된다.

□ 내 매출액이 3천만 원이다. 이때에도 원칙적으로는 <②간편장부> 적용 대상자이다. 이때 장부를 쓰지 않았다면 위의 표에서 추계신고 항목으로 넘어간다. 그리고 3천만 원은 6천만 원 기준보다 적은 금액이라서 <④단순경비율> 대상자가 된다.

중요 : 기준경비율과 단순경비율

'비용처리'라는 용어를 들어보았을 것이다. 〈비용처리〉가 많이 될수록 낼 세금이 적어진다. 그래서 사업자들이 비용처리에 신경을 쓴다. 수입 금액(매출)에서 〈비용〉을 뺀 이익금에서 세금이 산출되는 것이다. 그런데 장부가 없는 경우 매출과 비용을 산출할 수 없는 문제가 있다. 따라서 추정계산을 한다.

단순경비율을 수입 금액(매출)에 단순경비율을 곱해서 비용처리를 해주는 것이다. 기준경비율은 또한 수입 금액(매출)에 기준경비율 곱해서 비용처리를 해준다. 그런데 단순경비율이 더 퍼센트(%)가 높다. 보통 50~80% 내외이다. 기준경비율은 10~30% 내외이다. 실제 공식은 아래와 같다.

---

*홈택스에서 경비율 참고하기

홈택스메인 〉 세금종류별 서비스 (우측하단) 〉 종합소득세 〉기타조회 〉 기준,단순경비율조회(우측하단)

https://teht.hometax.go.kr/websquare/websquare.html?w2xPath=/u i/rn/z/UTERNAAZ61.xml

*단순경비율에 의한 소득금액 계산 공식

[수입금액-(수입금액 x 단순경비율)]

---

*기준경비율에 의한 소득금액 계산 공식

(1) 〈기준경비율〉 : 수입 금액 -주요경비(매입비용+임차료+인건비) -기타경비(수입 금액 x 기준경비율(복식부기 의무자는 1/2)

(2) 〈단순경비율〉 : [수입 금액-(수입 금액 x 단순경비율)] x 소득 상한 배율(2.8 복식부기 의무자 3.4)

(1),(2) 중 적은 금액으로 신고 가능하다. 대체로 단순경비율이 세금이 아주 적게 나온다. 단순경비율이 좋다고 생각하면 된다. 국세청 홈페이지에서 경비율 관리를 참고할 수 있다.

소득세를 낼 시점이 되면 직전년도 매출액에 기반해 나의 납세 유형이 정해져서 나온다. 즉, 장부기장에 관하여 〈①복식부기〉 의무자인지, 〈②간편장부〉 대상자인지 알 수 있다. 그리고 만약 장부기장을 하지 않는다면 추계신고를 하는데, 어떤 유형이 될지도 나와 있다.

즉 '당신은 간편장부 대상자인데, 장부가 없으면 〈기준경비율〉을 적용한다. 혹은 〈단순경비율〉을 적용하겠다.' 이런 내용이 있다. 여기까지는 표만 이해했지, 어떤 선택을 해야 할지는 언급하지 않았다. 이에 대해서 본격적으로 생각해 보자.

2. 〈업종선택〉으로 '절세'와'성장'을 할 수 있다

이제부터 본적인 절세이야기가 나온다. 소득세에 관한 내용은 한번 익혀두면 평생 자산이 될 수 있다. 꼭 익혀두자. 앞 장에서 본 소득세 표를 다시 살펴볼 것이다. 이번에는 '어떤 것을 선택할까'의 관점에서 살펴보도록 한다.

〈업종〉은 업태와 종목을 줄인 말이다. 업종선택에 따라서 세금이 달라진다. 업종 코드에 따라서 기준경비율, 단순경비율 등이 달라지기 때문이다.

□ 직전연도 수입금액기준에 따른 〈종합소득세 신고서 장부 유형〉

업종별 구분	기장에 의한 신고 (장부를 쓰는 경우)		추계에의한 신고 (장부 안쓸 때 적용됨)	
	①복식부기 의무자	②간편장부 대상자	③기준경비율 적용대상자	④단순경비율 적용대상자
가	농업,수렵업, 임업 및 어업, 광업, **도소매업**(상품중개업 제외), 부동산매매업, 아래에 해당되지 않는 사업	3억원 이상자	3억원 미만자	6천만원 이상자	6천만원 미만자
나	**제조업**, 숙박 및 음식점업, 전기·가스·증기 및 공기조절 공급업, 수도·하수 폐기물처리·원료재생업, 건설업(비주거용 건물 건설업은 제외), 부동산 개발 및 공급업(주거용 건물 개발 및 공급업에 한정), 운수·창고업, **정보통신**업, 금융및 보험업, 상품중개, 욕탕업	1.5억원 이상자	1.5억원 미만자	3천 6백만원 이상자	3천 6백만원 미만자
다	부동산 임대업, 부동산업(부동산매매업 제외),전문과학 **및 기술** 서비스업, 사업시설관리 사업지원 및 임대서비스업, 교육서비스업, 보건 및 사회복지 서비스업, 예술스포츠 및 여가관련서비스업, 협회 및 단체, 수리 **및 기타 개** 인서비스업, 가구내 고용활동	7,500만원 이상자	7,500만원 미만자	2천 4백만원 이상자	2천 4백만원 미만자

업종을 선택한다는 말은 나의 주 사업을 위의 표 중 가, 나, 다 중의 하나를 선택한다는 것이다. '가'로 갈수록 장부를 작성하는 기준 매출금액이 높다. 즉, 후하게 되어있다.

내가 과연 업종을 선택할 수 있는가? 이런 의문이 들 수도 있겠다. 내 업종이 제조업이나 음식점업과 같이 명확한 경우가 있을 것이다. 이런 경우에는 고민할 필요가 없다. 해당하는 것을 선택하면 된다.

그런데 애매한 예도 있다. 성격이 다른 두 가지 사업을 동시에 하거나, 한가지 사업을 하더라도 업종 분류상 왔다 갔다 할 수 있는 때도 있기 때문이다.

또한, 같은 업종 안에서도 〈업종 코드〉에 따라서 세금을 결정하는 경비율이 다르다. 따라서 앞으로의 사업 방향성에 맞추어 〈업종〉과 〈업종 코드〉를 선택하는 것이 좋다.

특히, 프리랜서의 경우 '다'에 속하는 경우가 많다. 인적 물적 자원이 없는 개인이다. 이런 분들이 다음에 사업자를 낼 때는 되도록 '나' 쪽에서 내면 좋다. '나' 카테고리의 업종들이 인적 물적 요건을 갖추었다고 인정되는 경우가 많다. 따라서 단순경비율이 크게 잡혀 있는 경우가 많다. 또한, 표에서 볼 수 있듯이 단순경비율의 기준금액도 높다. 이런 부분에서 세금 몇백만 원이 오갈 수도 있다.

```
* 사업자등록 업종선택 시 2가지 고려사항
 (1) 세율이 유리한가?
 (2) 정부의 지원업종에 해당하는가?
```

(1) 세율이 유리한가?

(1)-1. 경비율 '기준금액'이 높은 업종 선택하기

사업 초기에는 〈단순경비율〉을 최대한 활용할 수 있으면 좋다. 복잡한 장부 없이도 매출액의 90%나 비용으로 인정되는 경우도 많다. 매출액에서 90%나 비용으로 인정이 되니 세금이 아주 적다. 그리고 위의 표에서는 나의 주 업종을 '나'와 '다' 사이에서 선택할 수 있다면 '나'를 선택하는 편이 좋다. '나' 분류의 업종이 단순경비율을 적용하는 기준금액이 더 높기 때문이다.

> *(중요) 참고로 신규 사업자는 매출이 복식부기 기준금액 (예를 들어 '다'의 경우 연 7500만 원이다) 을 넘지 않으면 '단순경비율'을 적용받을 수 있다. 매출이 꽤 나오는 사업자라면 이를 적극적으로 활용해야 한다.
> 사업 초기에는 준비할 것도 많다. 첫해에는 장부 신경 쓰지 말고 추계신고를 하면 세금도 적고 속 편하다. 이는 예외적으로 신고를 하는 해당연도 기준이다.
>
> ex. 2023년 5월에 소득세 신고 시의 신고 유형은 전전 연도의 소득 금액인 2021년분을 기준으로 한다. 2022년분 세금신고를 하기 위해서 기준을 2021년으로 한 것이다. 그런데 2022년에 개업한 신규 사업자의 경우 2023년에 신고 시 당해 연도인 2022년 기준으로 단순경비율을 큰 한도로 적용받을 수 있다.

서비스업의 경우 매출이 2400만 원 밑이어야 단순경비율로 신고해 세금이 적게 나올 수 있다. 2400만 원을 넘으면 장부 작성을 해서 신고하는 것이 세금을 절세할 수 있으므로 기준금액이 중요하다.

*추계신고는 사실 정상적인 것이 아니다.

〈간편장부 대상자〉가 추계(단순, 기준)로 신고할 경우 '무기장 가산세'가 부과된다. 그런데 〈소규모 사업자〉의 경우 이 가산세가 면제된다.

〈소규모 사업자〉는 (1)해당 과세기간에 신규로 사업을 시작한 사업자 또는 (2)직전 과세기간 수입 금액이 4,800만 원 미만인 사업자이다.

추계신고는 사실 정상적인 것이 아니다. 따라서 사업 초기에 〈단순경비율〉이 혜택은 충분히 누리되, 매출이 올라가서 〈기준경비율〉 적용을 받게 될 때는 피하는 것이 낫다. 〈기준경비율〉 대신 장부를 쓰는 것이 바람직하다.

(1)-2. 세율 낮은 업종 코드 선택하기

경비율 기준을 판단할 때에도 업종코드별로 세율이 다르다. 업종 코드는 여기서 검색해 볼 수 있다. 업종 코드 PDF를 내려받아서 목차를 보고 검색을 해본다.

기준(단순)경비율관리

예시: 웹 소설 출판

〈웹 소설 출판 사업〉을 예로 들어보겠다. 웹 소설의 경우 다음의 표와 같이 업종 코드를 선택할 수 있다. 즉 융통성을 발휘할 수 있다. 서적출판업 업종 코드인 〈221100〉으로 하거나, 그 외 기타 정보 서비스업인 〈724000〉으로도 할 수 있다.

표에서 보면 알 수 있듯이 서적출판업인 〈221100〉이 단순경비율이 95.6%나 된다. 비용이 95.6%나 잡혀서 세금이 적다. 물론 실제 사업자를 낸다면 각자의 상황에 맞게 면세사업자로 할 것인지 과세사업자로 할 것이지도 고려해야 한다. 여기서는 감을 잡기 위해 단순히 세율만 놓고 비교를 해 보았다.

사업의 실질에 벗어나지 않는 범위 내에서 세율이 낮은 코드를 선택하자.

코드 번호	세 분 류	세세분류	단 순 경비율	기 준 경비율
221100	서적 출판업	일반 서적 출판업	95.6	15.6

○학습 서적, 만화, 잡지 및 정기 간행물을 제외한 각종 서적이나 서적 성격의 팸플릿을 출판하는 산업활동을 말한다.

〈예 시〉
· 소설 및 수필집 출판　　　· 동화책 출판　　　　　· 여행 가이드 서적 출판
· 지도 및 해도 출판　　　　· 사업체 목록 출판　　　· 전화번호부 출판
· 판례집 출판　　　　　　　· 정보 목록부 출판　　　· 인터넷 웹 소설 출판

〈제 외〉
· 악보 등 음악책 출판활동(221300)　　　· 지도 및 해도를 제작하는 산업활동(742102)

724000	그 외 기타 정보 서비스업	데이터베이스 및 온라인 정보 제공업	76.0	22.3

○1차 자료를 수집 및 조합하여 일정 형식(포맷)에 따라 가공된 정보를 컴퓨터에 수록하여 주문에 따라 자동응답 전화, 온라인, 디스켓 등의 전자 매체로 제공하는 산업활동을 말한다. 신용 조사, 광고 대리, 주식 시세 작성, 여행 정보 작성 등의 특정 산업 활동을 주로 수행하는 사업체가 관련정보를 온라인으로 서비스할 경우에는 그 본질적인 활동에 따라 분류된다.

〈예 시〉
· 영상 파일 다운로드 서비스(제작사 제외)　　· 음악 파일 다운로드 서비스(출판사 제외)
· 학습 정보 온라인 서비스　　　　　　　　　· 전자책 온라인 서비스

〈제 외〉
· 인터넷 정보 매개 서비스(642004)

(2) 정부의 지원업종인가?

각종 세액공제나 감면규정이 업태에 따라서 다르다. 조세 정책 목적상 세액공제나 감면을 많이 해주는 업종이 있다. 제조업이나 컴퓨터 프로그래밍 관련 또는 연구개발업 등이다.

그러나, 부동산 임대업이나 소비성 서비스업 즉, 유흥업 같은 경우에는 세액감면이나 공제를 받을 수 없다.

정부 지원자금의 경우에게도 업종이 중요하다. 중소벤처기업진흥 공단의 경우 지원금액과 범위가 넓다.

가) 정책 자금

사업 시 유용한 중진공의 〈정책 자금〉을 예로 들어본다. 주로 성장성이 있는 분야에 지원한다. 중진공에서는 이런 유망한 분야를 〈중점지원 분야〉라고 부른다. 중진공 뿐만 아니라 다른 기관의 지원금도 대부분 마찬가지다.

이런 자금을 알아볼 때 헷갈리는 부분부터 정리하자. 일단 정책 자금은 융자, 즉 돈을 빌리는 것이다. 대신 좋은 조건으로 빌리는 것이다. 정책 자금이 아니라 지원금은 더 까다롭다.

그리고 중진공의 자금을 받으려면 규모가 어느 정도 있어야 한다. 5명 미만의 회사(광업제조업, 건설업은 10인 미만)는 지원할 수 없다. 단, 중점지원 분야의 사업이라면 기준인원에 미달하더라도 지원할 수 있다. 그렇더라도 법인의 형태가 더 안정적이다.

참고 : 규모가 작다면 〈소상공인 진흥공단〉의 혜택을 받자

단순 서비스업이나 1인 기업 혹은 작은 규모로 사업을 하겠다는 사람은 규모가 있는 지원을 받기 힘들다. 〈대신 소상공인 진흥공단〉 쪽을 알아보면 된다.

지원금 규모는 개별 상황에 따라 천차만별이다. 대략 감만 잡아본다면, 중진공 자금이 1억 원 내외라면, 소상공인 공단은 2~3천만 원 내외 정도라고 이해를 하자.

욕심을 갖고 사업을 장기적으로 키워볼 생각이 있다면 아래의 사이트에서 검색을 해보고, 중점지원 분야에 해당하는 업종을 선택하는 것이 좋다.

중소벤처진흥공단 〉 지원사업 〉 정책자금융자

https://www.kosmes.or.kr/sbc/SH/SBI/SHSBI002M0.do

융자대상

「중소기업기본법」제2조에 따른 중소기업

* 세부사항은 사업별 정책자금 융자계획에서 규정하고, 주된 사업의 업종이 │ 융자제외 대상 업종(별표1) ↓ │ 에 해당하는 경우에는 융자대상에서 제외

- 다음의 중점지원분야 영위기업에 대해서는 연간예산의 일정 부분을 우선 배정 지원

중점지원분야

혁신성장분야(참고1) │ 그린분야(참고2) │ 비대면분야(참고3) │ 뿌리산업(참고4, 4-1) │ 소재·부품·장비산업(참고5) 지역특화(주력)산업(참고6) │ 지식서비스산업(참고7) │ 융복합 및 프랜차이즈산업(참고8) │ 물류산업(참고9) 유망소비재산업(참고10)

나) 정책 자금을 받기 위한 전략적 업종선택

요즘 무자본 창업가들이 많다. 무자본이기 때문에 프리랜서로 활동을 많이 한다. 그리고 제대로 해보려는 사람은 사업자등록을 하는데 보통 위에서 '다'의 개인 서비스업을 선택하기 쉽다.

그러나 달리 생각해 볼 수 있다. 예를 들어본다. 요즘 누구나 유튜브를 할 수 있다. 비록 개인 서비스를 하는 무자본 창업가이지만 유튜브를 한다면 '나'의 〈정보통신업〉으로 등록할 수도 있다. 정보통신업이면 '단순경비율' 적용에도 유리하다. 그리고 다음에 법인전환을 하는 등 회사를 크게 키울 생각이 있는 경우에도 중진공의 융자 혜택을 받을 수 있다.

단 무리하게 끼워 맞추면 안 된다. 사업의 실질에 맞게 선택을 하는 것이 원칙이다. 추후의 성장을 노린다면 미리 사업자의 업종도 그 방향으로 만들어 놓는 것이다.

다) 주의사항

자신에게 유리한 업종 코드를 선택한다고 해서 모두 다 인정이 되지 않는다. 항상 세금 제도는 실질에 과세한다고 생각해야 한다. 명목상으로만 혜택을 받기 쉬운 업종 코드를 넣어놓고 실제로는 다른 사업으로 인한 소득만 있으면 실질이라고 인정받기 힘들다.

예를 들어 '다'에 속하는 손기술이 좋은 개인 수리업자가 있다. 미래의 꿈은 공장을 차려서 제조업을 하는 것이다. 그래서 위의 내용을 바탕으로 주 업종에는 혜택을 많이 받는 '제조업'을 넣어놓고, 부업종에는 자신이 지금 하는 '개인 서비스업'을 넣어놓았다고 가정한다.

이 경우 제조로 인한 수입이 조금이라도 있어야 사업자등록의 내용과 실질이 일치한다고 할 수 있다. 물론 제조업이라면 최초 사업자를 낼 때 세무서에서도 물적인 사항들을 확인한다. 그러나 이 허들을 넘었다고 제조업으로 인정되어 앞으로의 모든 활동이 용납되는 것이 아니다.

실제로 그 활동으로 인한 매출활동을 해야 한다. 결국, 실행이 답이다. 위와 같이 절세도 하고, 정부 지원도 받을 수 있는 업종코드를 선택했다고 하자. 결국 그 사업에서 수익을 만들어야 한다. 물론 사업초기에는 별 탈없이 지나갈 확률이 매우 높다. 그러나 실질이 아니면 눈속임이 되고, 세무서는 항상 사업이 잘될 때 와서 과거를 검증한다.

3. 〈업종선택〉 연습해보기 - 유튜버

□ 직전연도 수입금액기준에 따른 〈종합소득세 신고서 장부 유형〉

업종별 구분	기장에 의한 신고 (장부를 쓰는 경우)		추계에의한 신고 (장부 안쓸 때 적용됨)	
	①복식부기 의무자	②간편장부 대상자	③기준경비율 적용대상자	④단순경비율 적용대상자
가	농업,수렵업, 임업 및 어업, 광업, 도소매업(상품중개업 제외), 부동산매매업, 아래에 해당되지 않는 사업	3억원 이상자	3억원 미만자	6천만원 이상자	6천만원 미만자
나	제조업, 숙박 및 음식점업, 전기·가스·증기 및 공기조절 공급업, 수도·하수 폐기물처리·원료재생업, 건설업(비주거용 건물 건설업은 제외), 부동산 개발 및 공급업(주거용 건물 개발 및 공급업에 한정), 운수·창고업, 정보통신업, 금융 및 보험업, 상품중개, 욕탕업	1.5억원 이상자	1.5억원 미만자	3천 6백만원 이상자	3천 6백만원 미만자
다	부동산 임대업, 부동산업(부동산매매업 제외), 전문과학 및 기술 서비스업, 사업시설관리 사업지원 및 임대서비스업, 교육서비스업, 보건 및 사회복지 서비스업, 예술스포츠 및 여가관련서비스업, 협회 및 단체, 수리 및 기타 개인서비스업, 가구내 고용활동	7,500만원 이상자	7,500만원 미만자	2천 4백만원 이상자	2천 4백만원 미만자

유튜버의 사례

유튜버를 예로 들어본다. 유튜버는 '다'(업종 코드는 940306)에도 속할 수 있고 '나'(업종 코드 921505)에게도 속할 수 있다. 어떤 것을 선택하는 것이 좋을까? 언뜻 보면 940306을 선택하는 것이 좋아 보인다. 부가세 면세이기 때문이다. 그러나 실상은 반대이다.

업종코드	940306	921505
업종	기타자영업(1인미디어콘텐츠창작자)	정보통신업(미디어콘텐츠창작업)
인적시설 및 물적시설	없음	있음
부가세	면세사업자	과세사업자(영세율적용가능)
창업중소기업 세액감면	불가능	가능

921 코드는 정보통신업이다. '나'이다.

코드 번호	세분류	세세분류	단순 경비율	기준 경비율
921505	영화, 비디오물 및 방송프로그램 제작업	미디어콘텐츠창작업	80.2	14.2

○ 인적 또는 물적시설을 갖추고 인터넷기반으로 다양한 주제의 영상 콘텐츠 등을 창작하고 이를 영상 플랫폼에 업로드하여 시청자에게 유통함으로써 수익이 발생하는 산업활동을 말한다.
* 인적 또는 물적시설없는 1인 미디어콘텐츠창작자는 940306 적용

940은 인적용역, 즉 개인 서비스업에 속한다. '다'다.

940306	기타자영업	1인미디어콘텐츠창작자	64.1	49.7	16.8

○ 인적 또는 물적시설없이 인터넷기반으로 다양한 주제의 영상 콘텐츠 등을 창작하고 이를 영상 플랫폼에 업로드하여 시청자에게 유통함으로써 수익이 발생하는 산업활동을 말한다.
 - 인적용역자의 콘텐츠 창작 등에 따른 수입 포함

〈예 시〉
· 유튜버, BJ, 크리에이터 등
*인적 또는 물적시설을 갖춘 미디어콘텐츠창작업은 921505 적용

---

*프리랜서 중 〈인적용역〉 사업자의 경우

프리랜서 중 업종 코드가 94로 시작하는 〈인적용역〉의 경우 특이한 점이 있다. 단순경비율을 〈기본율〉과 〈초과율〉 이렇게 2가지로 나누고 있다.
위의 표에서 좌측 64.1이 '기본율'이라고 하는 기본적인 단순 경비율이다. 그리고 우측에 있는 49.7이 '초과율'이라는 단순경비율인데, 한마디로 매출이 큰 인적용역 사업자는 비용인정을 덜 해주겠다는 것이다.

업종 코드 94로 시작하는 인적용역 사업자는 추계로 사업소
득세를 신고할 경우, 수입 금액 4000만 원 이하는〈일반율〉
을 적용하고 4000만 원 초과분은 〈초과율〉을 적용한다.

(1) 부가세 측면 비교

'다' 940306 이 경우 면세사업자에 속하기에 부가세 납세의무는
없다. '나' 921505 는 부가세 과세사업자이지만, 애드센스를 통해
외화로 수익을 얻는 경우 영세율이 적용된다. 즉, 매출세액이 '0'으
로 잡히기 때문에, 영세율 매출액만 있고, 매입세액이 있으면 부가
세 환급을 받을 수 있다. 즉, 영상장비를 구매했을 때 낸 10%의 세
금을 돌려받을 수 있다.

(2) 소득세 측면의 비교

'다' 940306보다 정보통신업에 속하는 '나' 921505의 단순경비율
이 높다. 사업 초기에 세금을 적게 낼 수 있다.

(3) 정부 지원 측면의 비교

'다' 940306은 서비스업(기타자영업)으로 분류되어 〈창업중소기업
세액감면〉 적용을 받을 수 없다. 서비스업이라 정책 자금 또한 받
을 수 없다. 또한, 이 업종 코드는 절세의 끝판왕 격인 연구개발세
액공제도 받을 수 없다.

결론

유튜버는 정보통신업(921505)으로 사업자등록을 하는 것이 유리
하다. 사업 초기에는 단순경비율로 세금을 적게 내거나, 사업
시작 후 5년 동안 창업중소기업 세액감면을 받을 수 있다. 사업
을 본격적으로 키우려 할 때도 정부의 지원금을 받을 수 있다.

4. 사업 소득세 신고 전략과 세무대리인 쓰는 시점

□ 직전연도 수입금액기준에 따른 〈종합소득세 신고시 장부 유형〉

업종별 구분	기장에 의한 신고 (장부를 쓰는 경우)		추계에의한 신고 (장부 안쓸 때 적용됨)	
	①복식부기 의무자	②간편장부 대상자	③기준경비율 적용대상자	④단순경비율 적용대상자
가	농업, 수렵업, 임업 및 어업, 광업, **도소매업**(상품중개업 제외), 부동산매매업, 아래에 해당되지 않는 사업	3억원 이상자	3억원 미만자	6천만원 이상자	6천만원 미만자
나	**제조업**, 숙박 및 음식점업, 전기·가스·증기 및 공기조절 공급업, 수도·하수 폐기물처리·원료재생업, 건설업(비주거용 건물 건설업은 제외), 부동산 개 발 및 공급업(주거용 건물 개발 및 공급업에 한정), 운수·창고업, **정보통신** 업, 금융및 보험업, 상품중개, 육탕업	1.5억원 이상자	1.5억원 미만자	3천 6백만원 이상자	3천 6백만원 미만자
다	부동산 임대업, 부동산업(부동산매매업 제외),**전문과학 및 기술 서비스업**, 사업시설관리 사업지원 및 임대서비스업, 교육서비스업, 보건 및 사회복지 서비스업, 예술스포츠 및 여가관련서비스업, 협회 및 단체, 수리 **및 기타 개** **인서비스업**, 가구내 고용활동	7,500만원 이상자	7,500만원 미만자	2천 4백만원 이상자	2천 4백만원 미만자

업종을 선택하고 사업자등록을 했다. 이제는 열심히 일한 후, 사업
소득세를 어떻게 신고할지 계획을 세워보자. 앞에서 살펴본 내용을
토대로 총정리를 해본다.

(1) 사업 첫해에는 〈단순경비율〉을 선택한다.

사업을 처음 시작했다면 대부분 매출이 별로 크지 않을 것이다. 사업 초기는 장부 신고를 안 할 때 적용되는 〈단순경비율〉로 시작을 해보자.

(*중요) 신규 사업자는 해당연도의 수입 금액(매출액)이 복식부기 기준금액을 초과하지 않으면 〈단순경비율〉을 적용할 수 있다.

예를 들어 '다'에 속하는 프리랜서의 경우 수입 금액 7500 미만이면 단순경비율 적용이 가능하다. 첫해에만 적용이 되는 상당히 좋은 혜택이다. 해당연도를 지나가면 위의 표에서 볼 수 있듯이 단순경비율 적용기준 수입 금액(매출)이 확 낮아진다.

원칙적으로 모든 사업자는 〈복식부기〉를 하든지 〈간편장부〉를 하든지 장부를 써야 한다. 그리고 장부를 안 쓰면 추계로 신고가 되고 무기장 가산세 20%가 붙는다.

무기장 가산세
= 산출세액 x (무기장소득 금액/종합소득금액) x 20%

그런데 당해 연도 신규 사업자는 이 무기장 가산세가 적용되지 않는다. 그래서 사업 첫해에는 비용인정이 많이 되는 〈단순경비율〉을

선택하면서도 가산세도 물지 않는다. 일부러 장부를 쓰지 않고 단순경비율을 선택하는 것이 낫다.

〈첫해 단순경비율 선택〉의 주의사항

단순경비율이 비용처리가 많이 되어서 좋고, 더구나 첫해에는 무기장 가산세도 없어서 더욱 좋다고 하였다. 그러나 한 가지 주의해야 할 점이 있다. 적자가 났을 때는 단순경비율이 불리하다.

〈단순경비율〉도 기장을 안 한 것이라서, 이월결손금의 개념이 없다. 이월결손금은 올해 (-)손해가 났을 때 다음 해의 세금에서 공제를 하는 제도이다. 장부를 쓰는 경우라면 (-)손해가 나면 내는 세금은 없다. 그런데 단순경비율을 적용하면 비록 조금일지라도 (그 경비율을 뺀 만큼) 세금을 무조건 내게 된다. 만약 사업 초기에 지출된 금액이 많다거나, 그 밖의 다른 이유로 손실금액이 많았다면, 〈간편장부〉라도 쓰는 편이 낫다.

---

(2) 매출액이 단순경비율 기준을 넘어가면 〈간편장부〉를 쓴다.

단순경비율 기준을 넘어선다고 해도 〈기준경비율〉로 넘어가지 말자. 비교하면 케이스 별로 다를 수 있는데 대체로 장부를 쓰는 편이 유리하다. 그리고 장부를 쓰면 사업초 투자금이 많다든지 해서 손실이 난 경우에 이월결손금으로 다음 해낼 세금에서 공제할 수 있다. 〈간편장부〉는 혼자서 할 수 있다. 그래서 복식부기 의무 기준을 넘지 않았다면 〈간편장부〉를 써보자. 〈복식부기〉 장부를 쓰면 〈기장 세액공제〉 혜택이 있다.

가끔 세무사 사무실에서 이 〈기장 세액공제〉를 강조하면서 자신들에게 기장을 맡겨보라고 하는 경우가 있다. 그런데 공제 한도가 최대 100만 원 정도이기 때문에 월 기장료와 조정 수수료를 고려하면 절세 효과가 사라진다.

개인적인 의견인데 공부도 할 겸 혼자서 〈간편장부〉로 신고를 해보는 편이 낫다. 혼자서 소득세 신고를 하는 방법에 대해서는 이후에 나올 〈소득세 절세〉 파트에서 다시 소개하겠다.

---

*국세청 간편장부 안내

국세청 〉 국세신고안내 〉 종합소득세 〉 장부기장의무안내 〉 간편장부안내

https://www.nts.go.kr/nts/cm/cntnts/cntntsView.do?mi=2231&cntntsId=7670

그런데 이 〈간편장부〉조차도 쓰기 어렵다는 사람이 있을 것이다. 사업이 바쁘거나 이런 관리가 적성에 맞지 않는 경우가 있을 것이

다. 그때에는 세무사를 찾아서 〈신고대행〉만 맡기는 것도 하나의 방법이다. (단순경비율에 해당할 경우는 홈택스에서 직접 하는 것을 추천한다.)

〈신고대행〉 의뢰 시 아래의 경우 중 세무사 비용을 포함해서 유리한 것으로 검토를 해달라고 한다.
 a) 기준경비율 추계신고
 b) 간편장부신고
 c) 복식부기신고 (+기장 세액공제 절감효과)

b)와 c)의 경우는 소급해서 기장을 하게 된다. 신고대행의 경우 월 기장보다는 적게 나올 수 있는데 그래도 비용이 꽤 나올 수 있다. 〈신고대행〉 의뢰 시에도 모든 증빙자료를 일목요연하게 잘 정리하는 것이 중요하다. 세무사 사무실에서 일 처리 하기 쉽게 자료를 주면 세무사비를 줄일 수도 있다.

(3) 매출이 커지면 세무사를 찾아〈복식부기〉 장부를 쓴다.

매출(수입금액)이 복식부기 기준을 넘는다면 당연히 기장을 맡겨야 한다. 하지만 그 기준 전이라도 아래의 경우라면 기장을 맡겨볼 만하다.

- 연 매출이 복식부기 의무자 기준에 근접할 때
- 연 매출이 5000만 원 정도라도 사업에 가속도가 붙을 때
- 추계신고 시 단순경비율을 넘어 기준경비율 대상자가 되었을 때

- 직원고용 시 (신고업무가 많다)

사업규모가 작을 때 혼자서 부가세와 종합소득세 신고를 해보는 것
도 추천한다. 세금의 '감'을 익히면서 소득세의 '구조'를 자연스럽게
익힐 수 있다.

세무대리인 월기장료는 매출규모에 따라 다른데 보통 개인사업자는
최소 10만원, 법인은 15만원 정도부터 시작한다. 그리고 결산수수
료는 대략 50만원 내외 정도부터 시작한다.

[2] 세금 안 내려고 이사 가는 사람

처음 창업을 하면 꼭 챙겨야 할 것이 있다. 〈창업중소기업 세액 감면제도〉이다. 창업했는데, 사업장의 위치가 수도권이 아니라면, 5년 동안 세금을 안 내거나 절반만 낼 수 있다. 한마디로 사업장의 위치에 따라서 세금을 안 낼 수도 있다. 2024년까지 적용된다.

창업중소기업 세액감면					
수도권 과밀억제권역 내			수도권 과밀억제권역 외		
청년창업	청년외	수입금액 8천만원이하	청년창업	청년 외	수입금액 8천만원이하
5년간 50%	x	5년간 50%	5년간 100%	5년간 50%	5년간 100%

감면율이 상당히 높다. 100% 감면에 해당하면 5년 동안 낼 세금이 없다.

1. 〈창업중소기업 세액감면제도〉의 조건

조건 1. 창업중소기업의 업종

조세특례제한법 시행령상의 〈중소기업〉 중에서 다음의 업종에 속해야 세액감면 혜택을 받을 수 있다. 조특법상의 중소기업의 기준은 아주 넓다. 따라서 아래에 열거된 업종을 보고 판단하면 된다. 제조업, 음식점업, 서비스업 등 많은 업종이 해당한다.

1. 광업
2. 제조업
3. 수도, 하수 및 폐기물 처리, 원료 재생업
4. 건설업
5. 통신판매업
6. 대통령령으로 정하는 물류산업(이하 "물류산업"이라 한다)
7. 음식점업
8. 정보통신업. 다만, 다음 각 목의 어느 하나에 해당하는 업종은 제외한다.
가. 비디오물 감상실 운영업 나. 뉴스제공업 다. 블록체인 기반 암호화자산 매매 및 중개업
9. 금융 및 보험업
10. 전문, 과학 및 기술 서비스업다만, 다음 각 목의 어느 하나에 해당하는 업종은 제외한다.
가. 변호사업 나. 변리사업 다. 법무사업 라. 공인회계사업 마. 세무사업 바. 수의업
사. 「행정사법」 제14조에 따라 설치된 사무소를 운영하는 사업
아. 「건축사법」 제23조에 따라 신고된 건축사사무소를 운영하는 사업
11. 사업시설 관리, 사업 지원 및 임대 서비스업 중 다음 각 목의 어느 하나에 해당하는 업종
가. 사업시설 관리 및 조경 서비스업
나. 사업 지원 서비스업(고용 알선업 및 인력 공급업은 농업노동자 공급업을 포함한다)
12. 사회복지 서비스업
13. 예술, 스포츠 및 여가관련 서비스업. 다만, 다음 각 목의 어느 하나에 해당하는 업종은 제외한다.
가. 자영예술가 나. 오락장 운영업 다. 수상오락 서비스업 라. 사행시설 관리 및 운영업
마. 그 외 기타 오락관련 서비스업
14. 협회 및 단체, 수리 및 기타 개인 서비스업 중 다음 각 목의 어느 하나에 해당하는 업종
가. 개인 및 소비용품 수리업 나. 이용 및 미용업
15. 「학원의 설립 · 운영 및 과외교습에 관한 법률」에 따른 직업기술 분야를 교습하는 학원을 운영하는 사업 또는 「국민 평생 직업능력 개발법」에 따른 직업능력개발훈련시설을 운영하는 사업(직업능력개발훈련을 주된 사업으로 하는 경우로 한정한다)
16. 「관광진흥법」에 따른 관광숙박업, 국제회의업, 유원시설업 및 대통령령으로 정하는 관광객 이용시설업
17. 「노인복지법」에 따른 노인복지시설을 운영하는 사업
18. 「전시산업발전법」에 따른 전시산업

*창업중소기업감면업종 (법령: 조세특례제한법 제6조)

https://www.law.go.kr/법령/조세특례제한법/제6조

*업종 참고하기

홈택스 〉 종합소득세(우측하단) 〉 기타조회(우측하단) 〉

기준.단순경비율 조회

https://teht.hometax.go.kr/websquare/websquare.html?w2xPath=/ui/

rn/z/UTERNAAZ61.xml

조건 2 수도권 과밀억제권역 밖이어야 한다.

수도권 과밀억제권역

1. 서울특별시
2. 인천광역시 [강화군, 옹진군, 서구 대곡동 불로동 마전동 금곡동 오류동 왕길동 당하동 원당동 인천 경제자유구역, (남동국가산업단지 제외)]
3. 의정부시 / 4. 구리시
5. 남양주시 [호평동, 편내동, 금곡동, 일패동, 이패동, 삼패동, 가운동, 수석동, 지금동 및 도농동]
6. 하남시 / 7. 고양시 / 8.수원시 / 9. 성남시 / 10. 안양시
11. 부천시 / 12. 광명시 / 13.과천시 / 14. 의왕시 / 15.군포시
16. 시흥시 [반월특수지역은 제외]

참고로 이 제도는 혜택이 크기 때문에 기준이 보수적이다. 사업 개시 시점이 중요하다. 예컨대 수도권 내에서 창업하여 50% 감면을 받다가 100% 감면을 받기 위하여 지방으로 사업장을 이전한 때도 그대로 50% 감면만 해당한다.

반대로 지방에서 100% 감면을 받다가 50% 감면을 받는 수도권으로 이전한 경우에는 다르다. 이전한 연도가 속하는 과세기간부터는 50%만 받게 되어 있다.

> **조건 3. 최초창업이어야 한다.**

이 부분에서 많이 걸린다. 최초 사업자를 낼 때의 업종이 중요하다. 특히 처음에 아무 생각 없이 사업자등록을 했다가 나중에 업종을 추가하는 경우가 많다. <u>그러나 사업을 확장하거나 업종을 추가하면 최초창업으로 보지 않는다.</u>

예를 들어 도소매로 사업을 시작했다. 도소매는 창업중소기업감면업종이 아니다. 그러다 판로확장을 위해서 〈통신판매업〉을 사업자에 추가했다. 통신판매업은 대표적인 후 창업중소기업감면 업종이다. 그런데 신청을 해보면 적용이 안 된다. 업종을 추가한 경우이기 때문이다.

이 밖에 창업으로 인정되지 않는 경우는 다음과 같다.

- 대표를 변경하는 경우
- 폐업 후 같은 업종으로 다시 창업하는 경우
- 개인사업자가 법인으로 전환하는 경우

⑩ 제1항부터 제9항까지의 규정을 적용할 때 다음 각 호의 어느 하나에 해당하는 경우는 창업으로 보지 아니한다. <개정 2017. 12. 19., 2018. 5. 29.>

1. 합병·분할·현물출자 또는 사업의 양수를 통하여 종전의 사업을 승계하거나 종전의 사업에 사용되던 자산을 인수 또는 매입하여 같은 종류의 사업을 하는 경우. 다만, 다음 각 목의 어느 하나에 해당하는 경우는 제외한다.

   가. 종전의 사업에 사용되던 자산을 인수하거나 매입하여 같은 종류의 사업을 하는 경우 그 자산가액의 합계가 사업 개시 당시 토지·건물 및 기계장치 등 대통령령으로 정하는 사업용자산의 총가액에서 차지하는 비율이 100분의 50 미만으로서 대통령령으로 정하는 비율 이하인 경우

   나. 사업의 일부를 분리하여 해당 기업의 임직원이 사업을 개시하는 경우로서 대통령령으로 정하는 요건에 해당하는 경우

2. 거주자가 하던 사업을 법인으로 전환하여 새로운 법인을 설립하는 경우

3. 폐업 후 사업을 다시 개시하여 폐업 전의 사업과 같은 종류의 사업을 하는 경우

4. 사업을 확장하거나 다른 업종을 추가하는 경우 등 새로운 사업을 최초로 개시하는 것으로 보기 곤란한 경우

⑪ 제1항, 제2항 및 제4항부터 제7항까지의 규정에 따라 감면을 적용받은 기업이 「중소기업기본법」에 따른 중소기업이 아닌 기업과 합병하는 등 대통령령으로 정하는 사유에 따라 중소기업에 해당하지 아니하게 된 경우에는 해당 사유 발생일이 속하는 과세연도부터 감면하지 아니한다. <신설 2016. 12. 20., 2017. 12. 19., 2018. 5. 29.>

⑫ 제1항, 제2항 및 제4항부터 제7항까지의 규정을 적용받으려는 내국인은 대통령령으로 정하는 바에 따라 세액감면신청을 하여야 한다. <개정 2016. 12. 20., 2017. 12. 19., 2018. 5. 29.>

[전문개정 2010. 1. 1.]

> **조건 4. 청년이면 100%, 청년이 아니면 50%이다.**

즉, 내 사업장이 〈수도원 과밀억제권역〉 '밖'에 있을 때
(1) 내가 청년이면 (만34세 미만) 100% 세액감면을 받을 수 있다.
(청년일 경우 수도권 과밀지역 안이라도 50% 세액감면은 받을 수 있다.)
(2) 내가 청년이 아니라면 50% 세액감면을 받을 수 있다.

> **조건 5. 창업중소기업(청년 외) 수입 금액이 8천만 원 이하
>   일 때 생계형 창업 50% 감면이 있다.**

나의 연 수입 금액이 8000만 원 미만일 때 아래와 같이 세액감면을 받는다.
(*2022년부터 연간수입 금액 기준이 4800원에서 8000만 원으로 확대되었다.)

(1) 사업장 위치가 〈수도원 과밀억제권역〉 '밖' → 100% 세액감면
(2) 사업장 위치가 〈수도원 과밀억제권역〉 '안' → 50% 세액감면

2. 창업중소기업 세액감면제도 신청방법

특별한 신청절차가 있는 것이 아니다. 대상자에 해당한다면 종합소득세 신고 시 홈택스에서 해당하는 내용을 기재하고 점검하면 적용된다.

(1) 종합소득세 신고과정에서 〈세액감면(면제)신청서〉 양식이 나온다.
(2) 신청서 양식의 우상단의 금액란에서 〈산출세액〉을 확인한다.
(3) 스크롤을 내려서 하단에 〈101, 102 해당 세액감면은 창업 중소기업 등에 대한 감면세액계산서 작성을 해야 함〉 '작성하기'를 클릭하면 신청서가 나타난다.
(4) 드디어 조세특례제한법 6조의 창업중소기업 세액감면 신청서가 나온다.
(5) 정보를 입력하고 〈산출세액〉을 입력한다.

[3] 사업자등록 후 묻지 마 세팅해야 할 것들

1. 사업용 계좌와 신용(체크)카드 만들기

(1) 사업용 계좌

가) 사업자등록 후 다음 절차는 〈사업용 계좌〉를 준비하는 것이다.

개인 사업자	새로 계좌를 만들어도 되고, 기존 사업자를 내기 전의 본인 이름의 계좌를 사업용으로 사용해도 된다. 계좌를 새로 만들 때는 본인 이름 옆에 괄호하고 회사명이 표기된다.
법인 사업자	법인통장 사용해야 하므로 통장을 새로 만들어야 한다.

나) 홈택스에 계좌 등록하기

국세청에 내 계좌를 신고함으로써 비로소 사업용 계좌가 된다. 사업용 계좌를 세무서에 신고하고, 사업 관련 자금만 입출금되도록 한다.

법인의 경우에는 신고라는 행위 자체가 필요 없이 모든 계좌가 사업용 계좌이다. 개인사업자는 신고하지 않으면 과세관청이 개인용도인지 모른다. 그 때문에 반드시 사업용 계좌를 구별해야 한다.

사업용 계좌 신고대상자는?

모든 사업자가 사업용 계좌 신고대상은 아니다. 복식부기 의무자면 신고대상이다. 그런데 '내가 복식부기 의무자가 되었을 때 신고를 하겠다' 이렇게 생각하지 말고 사업자를 내면 처음부터 사업용 계좌를 신고하는 것이 좋다. 나중에 바쁜 와중에 신경 쓰기 힘들다.

사업용 계좌에서 매출액 매입액 또는 카드사용액 등의 결제가 이 계좌에서 일어나야 한다.

이런 큰 금액들을 사업용 계좌에서 쓰지 않는다면 나중에 0.2% 가산세가 붙는다. 모든 매출액 매입액, 카드결제액 등을 다 합쳐서 0.2%면 몇백만 원을 내야 할 수도 있다.

---

(2) 사업용 카드

통장을 만들 때 사업용 신용(체크)카드도 함께 만든다. 개인사업자는 통장과 마찬가지로 사업자를 내기 전 기존 개인 명의의 카드를 사업용으로 쓸 수 있다. 법인의 경우에는 통장을 만들면서 카드도 함께 만든다.

이렇게 만든 카드를 사업 관련 경비 지출 시 사용한다. 가사용과 개인용을 혼용 시 일일이 분류를 해야 하는 시간 낭비가 발생한다.

2. 홈택스에 사업자로 가입하기

(1) 세금계산서 발행 준비 (간이는 일단 제외)

사업자를 주로 상대하는 사업자는 세금계산서 발행업무가 중요하다. 사업 초기 혹은 1인 회사일 경우 국세청의 홈택스에서 세금계산서를 발행하면 된다. 후에 사업의 규모가 커지면 회계나 ERP 프로그램을 쓰면 좋다. 세금계산서 발행업무가 더 쉬워진다.

*세금계산서의 의무 발급대상

법인 사업자	법인은 무조건 세금계산서를 발행한다
개인 사업자	직년연도 공급가액(과세+면세 모두 포함)이 2억 이상인 사업자 (2023.7월부터는 직전 연도 공급가액 기준 1억)

> ***세금계산서 의무발급이 아닌 개인사업자가 돈을 받을 때**
>
> 세금계산서, 신용카드매출전표, 현금영수증, (일반) 영수증 등 거래 상황에 맞게 증빙을 발행하면 된다.

자신의 사업용 통장은행의 공인인증센터에서 〈전자세금계산서 발급용 공인인증서〉를 발급받아야 한다. 인증서 발급 시 이용자 ID와 사업자 번호가 필요하다. 홈택스에서 〈세금계산서〉를 발행하려면 개인용이 아닌 세금계산서 발급용 인증서나 범용인증서로 가입해야 한다.

(2) 사업용 계좌등록

개인사업자인 복식부기 의무자와 전문직 사업자는 사업용 계좌를 홈택스에 등록해야 한다. 신규 사업자는 〈사업용 계좌 신고〉 의무 대상자는 아니다. 그러나 사업전용 계좌를 만들고 등록도 미리 하는 편이 좋다.

우선 사업전용 계좌를 만들면 거래내용 누락을 방지할 수 있다. 사업전용계좌가 없으면 신고 누락을 할 확률이 높으며, 가산세를 내야 한다.

간혹 사업을 하다 보면 적격증빙을 받지 못할 경우도 있다. 그런 경우 사업용 계좌를 사용 중이었다면 가산세를 물더라도 소득세에서 비용으로 인정받을 수 있다.

□ 사업용계좌 등록하기

Hometax 국세청홈택스   조회/발급   민원증명(1)   **신청/제출**   신고/납부

일반 신청/제출

- 일반세무서류 신청
- 현금영수증전용카드 신청
- 전산매체제출
- 민원신청 처리결과조회
- 방문접수처리(상태조회)

주요세무서류신청바로가기 (2)

- **사업용(공익법인용)계좌 개설관리**
- 송달장소(변경) 신고
- 환급계좌개설(변경)신고
- 원천징수세액 반기별납부 승인신청
- 원천징수세액 반기별납부 포기신청
- 신고기한 연장신청
- 신고분 납부기한 연장신청
- 고지분 납부기한등 연장(구.징수유예)
  신청
- 비거주자등의국내원천소득에 대한 소

사업자등록신청/정정 등

- 사업자등록 안내
- 사업자등록신청(개인)
- 사업자등록정정(개인)
- 공동사업자 저장내역보기
- 사업자등록신청(법인)
- 사업자등록정정(법인)
- ✧ 개인
- ✧ 법인

신청업무

- 휴폐업신고
- (휴업자)재개업신고
- 세법해석(서면질의/사전답변)
- 불복(과세/이의/심사등)신청
- 전자(세금)계산서자료신청
- 일자리장출계획서 제출

소비제세 신청

- ✧ 소비제세(개별.교통)
- ✧ 소비제세(인지세)
- ✧ 소비제세(주세)
- ✧ 면세미납세신청신고

과세자료제출

- 세금계산서합계표
- 계산서합계표
- 과세자료 삭제요청
- 신종금융상품 중 조세특례적용
- 연금수령개시및해지명세서
- 출자자분등변경통지서 제출
- 중소기업취업자에 대한 소득세감면명
  세서
- 보험금 자료제출
- 예탁증권 관련 예탁자별 이자.배당소득
  지급 실적

사업용계좌(공익법인계좌) 개설관리

- 기본인적사항, 계좌구분을 입력한 후 【조회하기】버튼을 반드시 클릭합니다.
- 계좌개설을 하려면 【계좌추가】를 클릭한후 계좌정보를 입력하고 【신청하기】버튼을 클릭합니다. 계좌해지를 하려면 목록에서 체크한 후
  【계좌삭제】버튼 클릭 후 【신청하기】를 클릭합니다.
- 각 종 저축은행의 경우 은행명을 【저축은행】으로 선택합니다.
- 신청결과는 【조회/발급〉기타조회〉사업용계좌신고현황】에서 조회할 수 있습니다.

※ 사업용계좌 신고서 유의사항
- 복식부기의무자는 모든 사업장에 대하여 사업장별로 각각 사업용계좌를 신고하여야 합니다.
- 사업용계좌 신고 시에는 사업자등록번호를 선택하여 신고하여야 합니다. 다만, 사업자등록번호가 없는 인적용역사업자는 주민등록번호로 신고합니다.
- 사업자등록한 사업자가 주민등록번호로 신고한 경우 미신고에 해당되어 가산세 부과 및 세액감면이 배제될 수 있으니 주의하시기 바랍니다.
- 환급계좌개설 신청은 주요세무서류신청바로가기→환급계좌개설(변경)신고 화면에서 신청하시기 바랍니다.

⬤ 기본 인적 사항

주민(사업자)등록번호	
상호	
대표자명	
도로명주소	

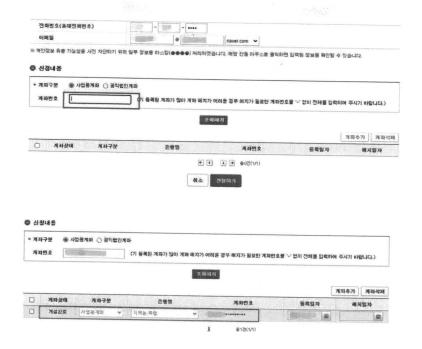

(3) 사업용 신용카드 등록

개인사업자는 본인의 사업용 카드를 홈택스에 꼭 등록하는 것이 좋다. 법인은 법인카드는 등록 여부 관계없이 사업용 카드로 인정이된다. 개인사업자는 사업 외 개인용도로 쓰는 카드도 많다. 그래서홈택스 내 카드 중에 어떤 카드를 사업용 카드로 쓸지 결정해서 홈택스에 등록한다.

등록하면 사용 내용이 홈택스에 자동으로 등록이 된다. 따라서 나중에 세금신고를 할 때 편리하다. 또한, 5년간 증빙을 보관해야 하는 의무가 있는데, 전자 증빙으로 보관되기 때문에 증빙을 잃어버릴 일이 없다.

개인사업자는 반드시 사업용 계좌 신고와 더불어 홈택스에 신용카드 또는 체크카드 중에 사업용 카드를 선정해서 등록하는 것이 좋다.

□ 사업용 신용카드 등록하기

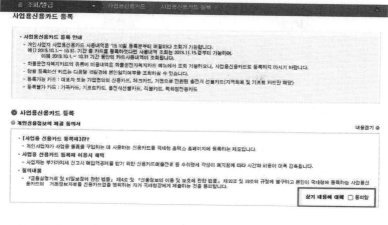

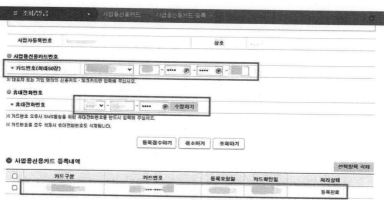

3. 고정비 세팅

각종 공과금과 통신비도 꼭 세팅해야 할 것들이 있다. 사업자 명의를 등록하는 일이다. 이 절차가 있으면, 해당 비용으로 지출하는 금액에 대해 적격증빙, 즉 세금계산서 발행을 받을 수 있다. 다음의 혜택을 받을 수 있다.

- 부가세 매입세액공제
- 소득세 비용처리

신청하면 각종 비용에 대해서 부가세(매입세액)가 붙어서 나온다. 이 부가세는 내가 낼 매출세액에서 차감을 받을 수 있다. 만약 신규 사업자라서 매출이 없다고 가정하자. 낼 세금이 없다면 이 부가세를 돌려받을 수 있다. 매출 없이 계속 환급을 받을 수도 있다. 그리고 공급가액은 나중에 종합소득세 신고를 할 때 비용으로 처리가 된다.

예를 들어 100만 원이 비용처리가 된다고 하자. 어느 정도로 절세를 할 수 있는지 가늠하려면 소득세율을 곱해보면 된다. 6%라면 6만 원, 15%이면 15만 원, 24%면 24만 원의 세금을 줄일 수 있다.

참고 : 사업자등록을 집에 내는 경우

사업자등록을 집에 내는 경우 인터넷 사용료와 전화 요금 정도만 매입세액 공제가 가능하다. 전기, 가스요금 등은 업무용과 가정용의 구분이 명확하지 않기 때문이다.

사업 소득세의 비용처리 또한 핸드폰 요금 외에는 주거용과 관련된 비용이기 때문에 비용처리를 할 수 없다.

(1) 핸드폰 및 인터넷

사업자는 본인 명의의 휴대전화를 사업자명으로 등록하여 세금계산서를 받을 수 있다. 사업자등록증을 갖춰 통신사에게 요청할 수 있다. 통신요금제도는 변경하지 않아도 된다.

업무용 휴대전화를 새로 만드는 경우, 사업자등록증을 지참하면 해당 지점에서 간편하게 처리된다. 통신사 변경 시 신청을 다시 해야 한다.

휴대전화의 경우 불편함 없이 사용을 해왔기에 귀찮다는 이유로 신청을 하지 않는다. 그런데 월 5만 원씩 납부를 한다고 하면, 60만 원이 비용으로 처리된다. 소득세율을 15%라고 가정하면 9만 원의 금액을 절약할 수 있다.

인터넷요금도 마찬가지다. 통신사에 사업자로 등록하면 부가세가 포함되어 청구되고, 매입세액공제와 비용처리를 할 수 있다.

(2) 전기(한국전력), 도시가스(가스관리회사)

전기의 경우 한국전력 담당 지사, 도시가스의 경우 도시가스 관리회사에 연락해야 한다. 〈세금계산서용 청구서〉를 신청한다. 신분증과 사업자등록증 사본 등의 서류를 팩스나 이메일로 전송하면 된다. 그 사업장의 전기사용료에 대해서는 우리 회사의 이메일로 전자세금계산서가 발급된다.

사업장을 임차한 경우 전기요금은 임대자 명의의 세금계산서로는 환급할 수 없다. 본인 사업자로 명의를 변경한 후 신청할 수 있다. 어떤 사업장의 경우 (주로 공장) 계량기 하나로 여러 임차인이 사용하는 때도 있다. 이 경우 집주인이 분배되는 전기료를 계산해서 청구하는데, 분쟁을 피하려면 주인의 동의를 받아 계량기를 추가로 설치하는 편이 낫다.

(3) 수도요금

수도요금은 면세이기 때문에 세금계산서가 아닌 '계산서' 발행을 요청한다. 부가세에서 매입세액공제는 못 받더라도 적격증빙으로 인정되어 소득세의 필요경비로 공제할 수 있다.

(4) 임차료 관리하기

임차료는 집주인에게 세금계산서를 받는다. 건물주가 일반 사업자가
아닌 경우(간이과세자) 임대료 및 관리비를 온라인으로 보내고 간이
영수증을 꼭 받아 둔다.

4. 기타 챙겨야 할 것들

(1) 사업자용 현금영수증카드 (지출 증빙용)

사업자용 현금영수증 카드가 필수는 아니다. 그러나 현금영수증이
필요할 때 사업자 번호를 일일이 입력할 필요가 없다. 시간을 줄여
주는 용도이다. 만약 구매 시 현금사용이 많다면 고려해볼 만하다.
홈택스에서 무료로 발급을 받을 수 있다.

> **홈택스 〉 조회/발급 〉 현금영수증 〉 현금영수증발급수단 〉 현
> 금영수증전용 카드신청**

(2) 카드단말기 설치하기

일반 소비자를 주로 상대하는 업종은 카드단말기를 준비해야 한다. 카드사의 가맹 기간이 며칠 걸리는 수가 있으므로 미리 준비해 두는 편이 낫다.

〈현금영수증 가맹사업자〉 등록 방법은 3가지가 있다.

　가) 신용카드 단말기 설치 시 함께 가입
　나) 홈택스 또는 손택스에서 가입
　다) 국세청 ARS

〈현금영수증 의무발급업종〉은 이후 별도의 장에서 설명하기로 한다.

(3) 확정일자 받기

사업장을 임차하는 경우 확정일자를 받아놓아야 한다. 확정일자는 임대차 계약서에 기재되는 날짜이다. 건물소재지 관할세무서장이 이 날짜에 임대차 계약서가 존재했다는 사실을 인정하는 서류이다. 사업자등록과 함께 신청하는 것이 좋다.

확정일자를 받으면 임차한 건물이 경매나 공매로 넘어가면 상가건물 임대차보호법의 보호를 받을 수 있다. 확정일자를 기준으로 후순위 권리자보다 우선하여 보증금을 변제받을 수 있다.

사업자등록증, 임대차계약서원본, 인허가 필증, 사업장도면, 신분증 등을 지참하여 건물소재지 관할세무서 민원봉사실에 신청하면 된다.

환산보증금[(보증금+월세의 보증금(월세x100)]이 지역별로 다음 금액 이하인 경우에만 보호를 받을 수 있다.

서울특별시	9억 원
수도권정비계획법에 따른 수도권 중 과밀억제권역(서울제외), 부산광역시	6억9천만 원
광역시(수도권 과밀억제권역과 군지역 제외, 부산광역시 제외), 안산시, 용인시, 김포시, 광주시, 세종특별자치시, 파주시, 화성시	5억4천만 원
기타지역	3억7천만 원

Chapter 3.
새는 돈은 증빙 탓

[1] 증빙은 원칙이 있다

1. 돈을 줄 때는 그냥 주면 안 된다.

돈을 주고받을 때에는 그에 따른 '증거'를 만들어 놓아야 한다. 혹시라도 돈만 왔다 갔다 하는 상황에 처하게 된다면 '뭔가 이상하다'라고 생각을 할 수 있어야 한다. 세무나 관세 분야는 모르고 범한 죄도 죄가 된다. 악의가 없이 그저 몰라서 업무처리를 잘못했는데 큰 손실을 입는 경우도 있다. 특히 돈을 줄 때에는 다음을 꼭 기억하자.

"(내 피 같은) 돈을 줄 때는 그냥 주면 안 된다."

피 같은 돈을 주는 것은 고통이 수반되기 때문에 그냥 줄 수는 없다고 생각하면 잊히지 않을 듯하다. 순순히 돈을 주는 대신 내가 돈을 줬다는 '증거물'를 확보해야 한다. 이 증거물이 바로 〈적격증빙〉이다.

적격증빙은 세무서에서 공식적으로 인정하는 증빙이다. 이 적격증빙이 있어야 소득세에서의 비용처리와 부가세의 매입세액 공제를 확실하게 할 수 있다. 적격증빙은 4가지이다. 이제부터 돈을 줄 때는 아래의 4가지 중 하나를 꼭 받아야 한다고 생각하면 된다.

- 세금계산서
- 계산서
- 신용카드매출전표
- 현금영수증(지출 증빙용)

일반적으로 가장 많이 사용하는 것이 〈세금계산서〉와 〈신용카드매출전표〉이다. 〈현금영수증〉의 경우 〈신용카드매출전표〉와 속성이 유사하다. 다음 장에서 각 증빙을 더 알아보기로 한다.

> ***간이과세자의 증빙 문제**
> 간이과세자의 경우는 연 매출 4800만 원 이상의 간이과세자만 〈세금계산서〉와 적격증빙으로서의 〈신용카드매출전표〉, 〈현금영수증〉을 발급할 수 있다.
> 세금계산서는 구매자에게 유리한 제도이다. 구매자들은 기를 쓰고 세금계산서를 받으려고 한다. 같은 조건이면 간이과세자가 아닌 일반과 세자에게 물건이나 서비스를 구매하려는 사람들도 많다. 이 부분이 간이과세자의 약점이다.

2. 적격증빙1 세금계산서

세금계산서는 사업자가 알아야 할 가장 중요한 증빙이다. 중요도가 크기 때문에 여기서는 개괄적인 내용만 정리하고 자세한 내용은 별도의 장에서 자세히 이야기하겠다.

세금계산서의 '세금'은 부가가치세이다. 사업자가 원재료나 비품 등을 사고 돈을 지급한다. 그리고 판매자로부터 부가세 10%가 기재된 세금계산서를 받는다. 부가세 10%를 물건가격과 함께 지급했다는 의미이다.

우리가 보통 슈퍼마켓에서 과자를 살 때는 부가가치세 10%가 포함된 금액을 지급한다. 사업자는 돈을 줄 때 '적격증빙'을 받는 것에 사활을 건다. 그런데 왜 일반 소비자는 과자를 사고 적격증빙에 목숨을 걸지 않는가?

일반 소비자는 물건을 사는 이유가 '소비'의 목적이지 '부가가치'를 창출할 목적이 아니기 때문이다. 즉, 최종소비자는 매입세액 공제가 필요 없다. 결론적으로 부가세는 중간 유통단계에서 계속 전가되다가 결국 최종소비자가 부담하는 세금이다.

돈을 지급하는 입장에서는 부가세 10%가 아까울 수도 있겠다. 그러나 내가 일반과세자나 법인이라면 물품 구매 시 세금계산서를 받았다면, 내가 낸 부가세를 모두 돌려받는다. 그리고 이 세금계산서는 적격증빙이라서 종합소득세를 계산할 때에도 비용처리가 된다.

따라서 세금계산서는 다른 적격증빙 (신용카드매출전표, 현금영수증)을 받을 때를 제외하고, 무조건 받아야 한다고 생각하면 된다.

단, 법에서 세금계산서를 발급하기 어렵거나 불필요한 경우 세금계산서 발급의무를 면제하는 규정을 두고 있다. (이 내용은 참고만 하자. 자세한 내용은 나중에 필요할 때 아래에 기재된 법령을 참조하자)

세금계산서 발급의무의 면제 〈부가가치세법 제33조 1항〉 〈부가가치세법시행령 제71조 1항〉	세금계산서 대신 영수증 발행 〈부가가치세법제 36조〉 〈부가가치세법시행령 제73조〉
1.택시운송사업자, 노점 또는 행상을 하는 사람 2.소매업 또는 미용, 욕탕 및 유사 서비스업을 경영하는 자의 재화 또는 용역 (소매업의 경우 공급받는 자가 세금계산서의 발급을 요구하지 않는 경우에 한함) 3.국내사업장이 없는 비거주자 또는 외국법인에 공급하는 재화 또는 용역(당사자가 외국의 사업자 서류를 제시하고 세금계산서를 요구하는 경우는 제외)	1.소매점, 음식점업, 숙박업, 여객 운송업, 도정업과 떡류 제조업중 떡방앗간, 양복점업, 부동산 중개업, 운수업과 주차장 운영업, 사회 및 개인서비스업 등도 영수증 발행자이지만,공급받는 자가 원하면 세금계산서를 발급해야 한다. 2.미용, 욕탕 및 유사 서비스업 3.입장권을 발행하여 경영하는 사업

3. 적격증빙2 계산서

이부분은 자신의 사업이 면세에 해당하지 않으면 대충 보아도 될 내용이다. 상식선에서 숙지하자.

면세사업자가 발행하는 것이 〈계산서〉이다. 〈계산서〉도 세금계산서의 한 종류라고 볼 수 있다. 면세품목을 판매할 때에는 부가가치세가 없다. 그렇기 때문에 부가세가 표기된 〈세금계산서〉는 사용할수 없다. 〈세금계산서〉에서 세액이 표기되지 않는 것이 〈계산서〉이다.

꼭 알아두어야 할 사항이 있다. "'과세사업자'이면 〈세금계산서〉를 발행해야하고, '면세사업자'면 계산서를 발행해야 한다" 이 말은 잘 못된 것이다. 〈세금계산서〉와 〈계산서〉의 발행여부는 취급품목에 따른다. 취급품목이 쌀과 같은 면세품목이면 〈계산서〉를 발행해야하고, 일반적인 과세품목이라면 〈세금계산서〉를 발행하는 것이다.

---

*면세품목 〈부가세법 제26조1항〉

면세품목은 주로 생활에 필수적이거나 국민의 복지에 관련된 것들이 많다.
기초생활필수 - 미가공 식료품, 여객운송용역
국민 복지 - 의료와 보건 혹은 주무관청의 허가,신고된 교육용역
문화생활 - 도서, 신문, 잡지, 방송, 예술행사, 문화행사, 도서관 등

과세사업자라도 면세품목을 판매하는 경우 계산서를 발행한다. 반면 면세사업자가 과세품목을 판매하려면, 사업자등록 사항을 과세사업자로 변경해야 한다. 면세사업자는 부가세를 안내는 대신 매입세액 공제의 혜택또한 없다. 환급도 당연히 없다.

면세사업자가 면세포기 신고서를 제출하고 과세사업자로 변경하면 매입세액을 공제받을 수 있다. 면세 사업자가 수출을 하는 경우 이 방법을 활용할 수 있다.

과세사업자로 변경을 한 후, 국내판매는 면세를 적용하고, 수출분은 과세를 적용한다. 수출시 영세율 세금계산서를 발행하면 매출세액이 '0'이 된다. 즉 낼 세금이 '0'이라 환급이 발생한다. 면세사업용 매입세액은 공제받을 수 없고, 과세사업용 매입세액은 공제받을 수 있다. 따로 구분을 해야하는 수고는 있지만, 엄청난 세금차이가 난다.

4. 적격증빙3. 신용카드매출전표

(1) 신용카드매출전표란?

기본적으로 세금계산서와 효과가 같다. 구매자는 〈신용카드매출전표〉를 받아도 세금계산서와 같이 매입세액 공제를 받을 수 있다. 사업자라면 〈세금계산서〉와 함께 실무에서 가장 많이 접하게 되는 적격증빙이다.

개인사업자의 경우 앞서 〈사업자 등록 후 묻지 마 세팅해야 할 것들〉에서 사업자 본인 명의의 카드를 국세청 홈택스에 등록하는 방법을 소개했다. 법인카드의 경우에는 별도로 등록을 하지 않아도 된다.

이제 부가세 신고를 더 편하게 할 수 있고, 사업용 카드를 개인적인 용도와 구분해 놓았기 때문에 관리나 해명하기도 편리하다.

(2) 사업용 카드 긁을 때 확인해야 할 것

상대방 사업자의 신분을 확인해야 한다. 상대방 판매자가 일반과세자 혹은 법인사업자일 때 매입세액 공제가 된다.

간이과세자(4800만 원 미만)로부터 받은 세금계산서가 매입세액공제가 안 되듯이 〈신용카드매출전표〉를 받더라도 적격증빙으로 인정되지 않는 경우도 유사하다.

참고 : 매입세액 공제되지 않는 신용카드매출전표

가. 직전 연도 공급대가 합계액이 4,800만 원 미만 간이과세자.
나. 신규 간이과세자.
다. 면세사업자.
라. 일반과세자중 미용 욕탕 및 유사서비스업 사업자, 입장권 발행 경영사업자 등 영수증 발행해야 하는 사업자.

일반 과세자로부터 받은 신용카드매출전표는 세액란에 부가세가 따로 표시되어 있다. 반면 세액이 '0'으로 표시되어 있고, 금액란이 총금액으로 되어있는 경우는 간이과세자 혹은 면세사업자이다. 카드 단말기의 설정에 따라 달라지기도 하는데 대부분 저렇게 설정을 해 놓는다. 따라서 신용카드 매출전표를 보고도 유추해 볼 수 있다.

(3) 되도록 사업자 본인 명의의 카드를 쓰자

신용카드매출전표는 사업자 본인 명의로 발급된 카드를 사용하는 것이 원칙이다. 종업원이나 가족의 카드를 사용하는 것도 허용이 된다. 그런데 직원의 카드를 사용하는 그 직원의 연말정산 시 카드 사용 내용이 중복으로 올라갈 수도 있다. 복잡하게 추려내야 한다.

세무사에 맡기더라도 이런 복잡한 일이 많으면 기장료를 더 요청할 수도 있다. 우리 직원이 하더라도 직원 업무시간의 낭비가 회사와 개인, 이중으로 발생한다. 아예 직원카드는 사용하지 않는 편이 나을 듯하다.

현실에서 직원에게 사장 명의의 카드를 맡기는 경우는 그리 많지 않은 것 같다. 아무리 직원을 믿는다 해서 자금에 대한 우려가 있는 것이 사실이다. 법인 카드 또한 어느 정도 신뢰가 있는 직원들에게 지급된다.

이런 경우에는 직원이 먼저 현금을 사용하고, 지출 증빙용 현금영수증을 사업자 번호로 발급하는 편이 깔끔하다. 그 증빙을 확인하고 개인 계좌에 이체를 해주면 된다. 현금으로 주지 않고 이체를 한 뒤 적요에 해당 내용을 기재하는 것이 잘 관리하는 것이다. 현금영수증에 관한 내용은 바로 다음 장에서 다룬다.

(4) 꼼수로 사용되기도 한다

세금계산서의 경우 거래의 신뢰성이 비교적 명확하다. 예전에는 매입자료를 거래했다고 하는데 요즘은 힘들다. 파는 사람과 사는 사람의 거래가 크로스체크되기 때문이다.

세금계산서는 구매자와 판매자가 협의해서 물품명, 가격, 수량, 상호 등 거래 내역을 입력하는 절차가 있다. 종종 세금계산서의 발행일까지 협의한다. 담당자가 충분히 인지를 하고 발행한다.

그런데 신용카드매출전표는 너무나 쉽게 끊을 수 있다. 그래서인지 개인용도로 사용을 하고 비용으로 넣는 경우가 있다. 주말에 마트에서 식료품을 산 경우에는 부인당하기 쉽다. 법인이든 개인이든 현실에서 많이 일어나는 일이다.

이런 일들이 많이 벌어지고 있는 이유는 사업자들이 이렇게 처리를 하고도 아무 일이 없었기 때문이다.

사실 국세청이 규모가 작은 사업자들을 일일이 감시할 수 없다. 알고 있더라도 건드리지 않는다. 그런데 아무 일이 없다고 잘못이 없어지는 것이 아니다. 나중에 한꺼번에 조사하는 관청이 국세청이다.

5. 적격증빙4 현금영수증 (지출 증빙용)

현금영수증도 〈세금계산서〉, 〈신용카드매출전표〉와 같은 적격증빙이다. 현금을 지출했을 때 받는 매입세액 공제용 자료이다.

현금영수증에서 혼동하는 단골파트가 있다. 현금영수증은 두 가지가 있다는 사실이다. 바로 (1) 소득공제용 현금영수증과 (2) 지출 증빙용 현금영수증이다.

(1) 소득공제용 현금영수증

소득공제용 현금영수증은 직장인이 개인적으로 받는 것이다. 이것은 회사의 사업과 전혀 관련이 없다. 직장인이 개인적인 지출을 했을 때 받는 것이다. 전표에도 '소득공제'라고 찍힌다.

이렇게 받은 현금영수증은 연말정산 시에 소득공제를 받기 위해 사용된다. 종종 회사의 업무 목적으로 물건을 사고 현금영수증을 받아와야 할 상황이 있다. 이때 아무런 생각 없이 평소 하던 대로 나의 휴대폰 번호를 불러주는 경우도 종종 있다.

(2) 지출 증빙용 현금영수증

회사에서 필요한 것이 바로 이 지출 증빙용 현금영수증이다. 전표에는 '지출 증빙'이라고 표시된다. 이렇게 지출 증빙용 현금영수증을 받으면 부가세에서 매입세액 공제를 받을 수 있다.

지출 증빙용 현금영수증을 발급받으려면 회사의 사업자 번호를 입력해야 한다. 구매처에 '지출 증빙용' 현금영수증이라고 말을 하고 사업자 번호를 불러주면 된다. 가끔 영수증 단말기에서 이 〈지출 증빙용 발급하기〉 기능을 모르는 점원을 만나기도 한다.

(3) 지출 증빙용으로 변경하는 법

위에서 살펴본 바와 같이 현실에서는 〈소득공제용 현금영수증〉으로 잘못 발행하는 경우가 비일비재하다. 이런 경우에는 국세청 홈택스에서 〈지출 증빙용〉으로 변경을 할 수 있다. 지출 증빙용 현금영수증은 신용카드매출전표 등 수취명세서에 총 합계액으로 기재된다.

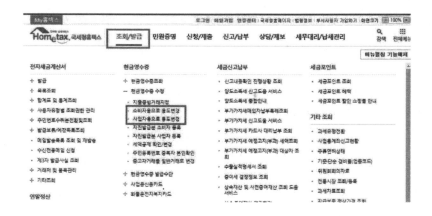

(4) 판매자 입장 : 일반 소비자 대상업종은 무조건 현금영수증 가맹점 가입하자

가) 현금영수증 가맹점 가입의무대상자

이제까지는 주로 돈을 주는 사람, 즉 구매자의 관점에서 살펴보았다. 그런데 판매자의 관점에서 살펴보아야 할 것이 있다. 바로 〈현금영수증 가맹점 가입의무대상자〉이다.

세부적인 기준들이 있는데, 세부적으로 들어가서 이 분야의 업종들을 검토하는 일은 복잡하다. 그냥 일반 소비자를 대상으로 하는 업종들은 무조건 현금영수증 가맹점에 가입해야 한다고 생각하면 편하다.

참고 : 가맹점 가입의무대상자 기준

a) 수입금액기준 :
소비자 상대업종이면서 직전 과세기간의 수입 금액 합계액이 2400만 원 이상

b) 업종기준:
-의료업, 수의업, 약사업
-변호사업, 심판변론인 업, 변리사업, 법무사업, 공인회계사업, 세무사업, 경영지도사업, 감정평가사업, 기술사업, 건축사업, 의사업, 한의사업, 수의사업, 측량사업
-소득세법 시행령 별표3의 3에 따른 현금영수증 의무발행업종

그리고 이런 업종인데 가맹점에 미가입 시에는 크나큰 불이익이 있다. 수입 금액의 1%가 가산세로 붙는 불이익도 있지만, 더 큰 것들이 있다. 추계신고 시 단순경비율이 배제되며, 창업중소기업 세액감면과 중소기업 특별세액 감면과 같은 제도들도 배제된다. 앞서 소개한 내용을 숙지했다면 이런 것들이 얼마나 큰 불이익인지 알 수 있을 것이다.

나) 현금영수증 의무발행업종

이 〈가맹점 가입 의무 대상자〉 중에는 〈현금영수증 의무발행업종〉이 포함되어 있다. 이 업종들은 부가세를 포함하여 건당 10만 원 이상 거래금액에 대하여 그 대금을 현금으로 받으면 소비자의 요청이 없더라도 현금영수증을 발행해야 한다.

전문직, 병원, 일반교습학원, 예술학원, 골프장, 예식장, 장례식장업, 주동산 중개업 등과 같은 사업자들은 〈현금영수증 의무발행업종〉이다. 신문이나 뉴스 등지에서 가끔 나오는 주제이다. 점점 현금영수증 의무 발급해야 하는 업종들이 점점 늘어나는 추세다.

소비자가 현금만 주고 황급히 도망가면 어떻게 할까? 이런 경우를 대비해 국세청은 사업자가 현금영수증을 자진 발급할 수 있는 장치도 만들어 놓았다.

판매자는 소비자의 핸드폰 번호가 아닌 국세청 지정 코드(010-000-1234)로 현금영수증을 자진 발급할 수 있다. 이 번호로 현금영수증의 발급 시 신청인 명의는 결정되지 않는 상태로 현금영수증이 발급된다. 자진발급의 기한은 현금을 받은 날로부터 5일 이내까지이다.

의무발행업종이 아닌 일반가맹점이 현금영수증을 발급 거부하면 5%의 가산세가 있는데, 의무발행가맹점이 10만 '원 이상의 건에 대해서 발급의무를 위반하면 미발급 금액의 20%의 가산세가 부과된다.

〈소득세법 시행령 제210조의 3, 소득세법 시행령 별표3의 3〉

< 현금영수증 의무발행업종 : 소득세법 시행령 별표 3의 3 >

구분	업종
사업서비스업	변호사업, 공인회계사업, 세무사업, 변리사업, 건축사업, 법무사업, 심판변론인업, 경영지도사업, 기술지도사업, 감정평가사업, 손해사정인업, 통관업, 기술사업, 측량사업, 공인노무사업
보건업	종합병원, 일반병원, 치과병원, 한방병원, 요양병원, 일반의원(일반과, 내과, 소아청소년과, 일반외과, 정형외과, 신경과, 정신건강의학과, 피부과, 비뇨기과, 안과, 이비인후과, 산부인과, 방사선과 및 성형외과, 기타의원(마취통증의학과, 결핵과, 가정의학과, 재활의학과 등 달리 분류되지 아니한 병과), 치과의원, 한의원, 수의업
숙박 및 음식점업	일반유흥 주점업('식품위생법 시행령」 제21조제8호다목에 따른 단란주점영업을 포함한다), 무도유흥 주점업, 일반 및 생활 숙박시설 운영업, 출장음식 서비스업,가숙사 및 고시원 운영업(고시원 운영업에 한정한다)
교육 서비스업	일반 교습 학원, 예술 학원, 외국어학원 및 기타 교습학원, 운전학원, 태권도 및 무술교육기관, 기타 스포츠 교육기관, 기타 교육지원 서비스업, 청소년 수련시설 운영업(교육목적용으로 한정한다), 기타 기술 및 직업훈련학원, 컴퓨터학원, 기타 교육기관
그 밖의 업종	가전제품 소매업, 골프장 운영업, 골프연습장 운영업, 장례식장 및 장의관련 서비스업, 예식장업, 부동산 중개 및 대리업, 부동산 투자 자문업, 산후조리원, 시계 및 귀금속 소매업, 피부미용업, 손발톱 관리 미용업 등 기타 미용업, 비만관리센터 등 기타 신체관리 서비스업, 마사지업(발마사지업 및 스포츠 마사지업으로 한정한다), 실내건축 및 건축마무리 공사업(도배업만 영위하는 경우는 제외한다), 인물사진 및 행사용 영상 촬영업, 결혼 상담 및 준비서비스업, 의류 임대업, 의약품 및 의료용품 소매업, 포장이사 운송업, 자동차 부품 및 내장품 판매업, 자동차 종합 수리업, 자동차 전문 수리업, 전세버스 운송업, 가구 소매업, 전기용품 및 조명장치 소매업, 의료용 기구 소매업, 페인트창호 및 기타 건설자재 소매업, 주방용품 및 가정용 유리요업 제품 소매업(거울 및 액자 소매업 중으로 한정한다), 안경 및 렌즈 소매업, 운동 및 경기용품 소매업, 예술품 및 골동품 소매업, 중고자동차 소매업 및 중개업, 악기 소매업, 자전거 및 기타 운송장비 소매업, 체력단련시설 운영업, 묘지분양 및 관리업, 장의차량 운영업, 독서실 운영업, 두발 미용업, 철물 및 난방용구 소매업, 신발 소매업, 애완용 동물 및 관련용품 소매업, 의복 소매업, 컴퓨터 및 주변장치, 소프트웨어 소매업, 통신기기 소매업, 건강 보조식품 소매업, 자동차 세차업, 벽지마루덮개 및 장판류 소매업, 공구 소매업, 가방 및 기타 가죽제품 소매업, 중고 가구 소매업, 사진기 및 사진용품 소매업, 모터사이클 수리업
통신판매업	전자상거래 소매업(제1호부터 제5호까지의 규정에 따른 업종에서 사업자가 공급하는 재화 또는 용역을 온라인 통신망을 통하여 소매하는 경우에 한정한다)

업종은 한국표준산업분류에 따르며, 밑줄친 업종은 '22.1.1. 거래분부터 발급의무 시행

매입증빙 사례

증빙의 종류	조건	부가세 매입세액 공제	소득세 경비처리 여부	비 고
적격증빙	-	o	o	단, 접대비는 적격증빙이 있어도 무조건 부가세공제 불가능
공과금 지로용지	-	o	o	전기,도시가스,휴대폰,인터넷 (수도는 계산서,매입세액불공제)
일반영수증	건당 3만 원 미만	x	o	-
	건당 3만 원 초과	x	o (+2%가산세)	3만 원 초과 거래시 적격증빙 있으면 가산세 없음
경조사비증빙 (청첩장,부고장)	건당 20만 원 미만	x	o	-
	건당 20만 원 초과	x	x	20만원초과시 전액 비용 인정x 20만원초과시 적격증빙을 받아야 비용처리 가능
영세율 세금계산서	-	-	o	수출용 제품을 국내거래처로 부터 공급받은 경우,매입세액x
계산서	-	-	o	면세는 부가세 공제,환급x 비용처리는 가능.

[2] 세금계산서 모르면 돈 날린다

1. 창업 후 만나는 세금계산서

"세금계산서 발행되었어요?"

회사에서 심심치 않게 듣는 말이다. 경리 부서가 아니더라도 모든 회사원이 세금계산서를 안다. "세금계산서? 그래, 물건을 팔고 나서 발행되는 것이 세금계산서잖아" 영수증 같은 것으로 생각하고 넘어간다.

몇 년 후 퇴사를 하고 창업을 하면 상황이 달라진다. 다시 만난 세금계산서는 그때 그 녀석이 아니다. "이거 잘못 처리하면 가산세도 나오고 몇백, 몇천 손해 본다고 하던데…." 종이쪽지인 줄 알았는데 존재감이 있다. 안다고 생각했는데 실은 잘 모르겠더라.

실무에서 세금계산서의 발행과 수정을 잘못 처리하는 경우가 꽤 많다. 무엇이 잘못되었는지도 모른 채 그냥 넘어간다. 국세청이 별 말을 안 하기 때문이다. 국세청은 당장 모든 회사를 감독하지 않는다. 그 후 먼 훗날 후회할 상황이 만들어지기도 한다.

아예 처음부터 제대로 일 처리 하는 습관을 지니는 편이 낫다. 보통 담당자가 '대충' 알아서 문제가 발생한다. 기본은 확실하게 알아둘 필요가 있다. 세금계산서는 중요한 적격증빙이다.

간이과세자로 시작할 경우 세금계산서 발행을 당장 신경쓰지 않아도 된다. 월평균 400만 원 미만 매출이면, 세금계산서를 발행할 수 없다.

2. 세금계산서가 무엇인가요?

(1) 세금계산서의 세금은 부가세이다

세금계산서는 사업자가 물건이나 서비스를 판매하고, 구매자에게 부가가치세를 징수하였다는 사실을 증명하는 영수증이다. 세금계산서는 부가세를 위해 탄생하였다. 즉, 〈세금계산서〉의 〈세금〉은 부가세이다.

구매자는 구매하면서 대금의 10%를 부가세로 내는데, 이를 매입세액이라고 한다. 판매자로부터 발행된 세금계산서가 있다면, 나중에 내야 할 부가세에서 공제받을 수 있다. 초보 사업가는 부가세와 사업 소득세를 혼동하기도 한다.

부가세는 소비에 대해 부과되는 세금이다. 개인사업자는 반기별로 신고를 하고 일 년에 두 번 낸다. 사업 소득세는 1년 동안 사업의 이득을 토대로 1년에 한 번, 5월에 종합소득세 신고를 하면서 낸다.

(2) 세금계산서는 적격증빙 중 하나이다

세금계산서는 거래의 사실을 증명하는 '공신력이 높은 서류'이다. 공급자의 정보와 공급받는 자의 사업자 번호, 공급가액과 부가세 등의 정보가 기재되기 때문이다. 세금계산서는 부가세를 위해 탄생했으나 소득세, 4대 보험 등 다른 과세자료들의 기초가 된다. 나라에서는 이 부가세 제도를 통해 우리를 물샐 틈없이 관리하고 있다.

공신력이 높아서 〈적격증빙〉이라고 한다. 〈적격증빙〉은 국세청에서 공식적으로 인정을 해주는 서류이다. 세금계산서, 계산서, 신용카드 매출전표, 현금영수증이 있다.

구매자는 물건을 사고, 이러한 〈적격증빙〉을 잘 받아 두어야 한다. 그래야 부가세에서는 매입세액(물건을 살 때 낸 세금)을 공제받을 수 있고, 법인세나 사업소득에서도 비용처리를 할 수 있다.

3. 실무에서 확인해야 할 세금계산서

세금계산서는 습관처럼 잘 챙겨야 한다. 부가세에서 가장 무서운 것이 매입세액 불공제이다. 돈 몇백 몇천만 원이 한 번에 날아갈 수 있다.

예를 들어본다. 구매자인 내가 천만 원어치 물건을 구매하고 세금계산서를 안 받았다. 이 경우 사업 소득세의 경우에는 계좌이체 이력만 있어도 비용처리를 할 수 있다. 적격증빙이 없으므로 증빙불비 가산세 2%를 낸다고 해도 소득세 계산 시 비용처리는 가능하다.

그러나 부가세의 경우 적격증빙이 없으면, 매입세액공제를 받을 수 없다. 백만 원이 날아가는 순간이다.

자 이제 본격적으로 세금계산서에서 짚고 넘어가야 할 것들을 살펴본다.

3-1. 필요적 기재사항 5가지 암기

세금계산서에는 〈필요적 기재사항〉이라는 5가지 항목이 있다. 이름부터 어려워 보인다. 꼭 숙지하기!

(1) 공급자의 등록번호와 상호

(2) 공급받는 자의 등록번호

(3) 작성 일자

(4) 공급가액

(5) 세액

필요적 기재사항 이 5가지는 정확해야 한다. 만일 오류가 있다면
〈사실과 다른 세금계산서〉로 여겨져 불이익을 받을 수 있다.

본 인쇄물은 국세청 홈택스(www.hometax.go.kr)에서 **발급 또는 전송** 입력된 전자(세금)계산서 입니다.
발급사실 확인은 상기 홈페이지의 "조회/발급>전자세금계산서〉 **제3자 발급사실 조회 "**를 이용하시기 바랍니다.

---

*연습문제

(주)삼성은 (주)알라딘에게 에어컨을 판매하고 세금계산서를 발
행하였다. 그런데 〈공급받는 자〉의 상호를 (주)팔라딘이라고 잘
못 기재하였다. 이 세금계산서는 어떻게 해야 할까?

3-2. 작성 일자는 공급일이다

[중요!] ⟨작성 일자⟩는 공급자가 물건이나 서비스를 실제로 준 날, 인도 일이다. 즉, 세금계산서는 실제 거래의 액션이 벌어진 날 발행하는 것이 원칙이다. 이 날짜는 작성 일자에 기재된다. 위에서 배운 필요적 기재사항 중에서 가장 많은 오류가 발생하는 항목이 ⟨작성 일자⟩이다. 잘못 기재하면 부실 작성으로 간주하여 추징을 당할 수도 있다.

이 부분을 잘못 알고 있는 경우가 많다. 많은 경우 ⟨작성 일자⟩에 실제 작성하고 있는 날짜를 적는 오류를 범한다. 혹은 돈을 받은 날로 기재를 한다. 원칙적으로 세금계산서는 돈과 관련이 없다. 실물, 실제 서비스와 관련 있다. (돈과 관련 있는 부분은 아래의 선발행 세금계산서 부분에 나온다)

전자세금계산서 관련 용어 중에 ⟨발급 일자⟩와 ⟨전송 일자⟩도 있다. ⟨작성 일자⟩와 혼동하면 안 된다.

⟨**발급 일자**⟩ : 세금계산서 이메일이 상대방 메일함에 도착한 날짜. 세금계산서는 다음 달 10일까지 발행할 수 있다.

〈전송 일자〉 : 국세청에 전송된 날짜, 보통 발급 일자와 같다.

3-3. 특례 : 월 합계세금계산서

세금계산서는 원칙적으로 공급일에 발행해야 한다. 공급 시기 이후에 발행하면 지연 혹은 미발급이다. 그런데 실무에서는 어떤 거래처와의 거래가 자주 일어나는 경우가 있다. 그때그때 세금계산서를 일일이 발행하는 것이 번거롭다. 이런 경우 여러 건의 거래를 모아서 한 번에 발행하는 것이 효율적이다.

그래서 국세청에서는 〈월 합계세금계산서〉라는 특례를 인정한다. 그달의 모든 거래를 모아서 당 월 말일을 작성 일자로 세금계산서를 발행할 수 있다. 이 경우 다음 달 10일까지 세금계산서를 발행할 수 있다. 그래서 많은 회사가 매달 말, 다음 달 초에 세금계산서를 확인하며, 서로 '10일을 넘기니 마니...니가 잘했니 내가 잘했니'(머리끄댕이 모드) 하는 이야기들이 오고 간다.

사례

1. A사가 B사에 7월 한 달 세 차례(7/1 , 7/15, 7/28) 납품을 하였다.
2. 매 납품 시 A사는 B사에 거래명세서를 발행한다.
3. 8월 3일 즈음에 A는 7월분 납품 명세를 B에게 보내 확인을 받는다.
4. B의 확인 후 A는 8월 10일 전까지 세금계산서를 (월 합계세금계산서) 발행한다.

3-4. 특례 : 선발행 세금계산서

원칙적으로 세금계산서가 먼저 발행되는 경우는 없다. 공급 시기 전 먼저 세금계산서를 발행하면 사실과 다른 세금계산서가 된다. 선발행은 어떻게 보면 후발행보다 더 큰 문제일 수 있다. 세금계산서 자체가 내가 낼 세금을 깎아주는 일종의 '돈'이기 때문이다. '선 발행 세금계산서'는 외형상 아무런 거래없이 돈을 만들어 낸 것이다.

세금계산서를 선발행한다면, 공급하는 자는 2%의 가산세를 맞아야 하며, 공급받는 자는 매입세액 불공제라고 하는 큰 형벌에 처하게 된다.

그럼에도 세금계산서를 먼저 발행해도 인정이 되는 특례가 몇 가지 있다. 앞서 세금계산서는 돈이 아닌 물건과 관계가 있다고 하였다. 그런데 이 특례에서 '돈' 이 등장한다. 즉, 구매자가 돈을 먼저 주면, 물건이 좀 늦게 가더라도 선발행 세금계산서를 인정해주겠다는 것이다.

> ### 선발행 세금계산서가 인정되는 특례

(1) 대가를 미리 받은 경우

공급하는 자는 이미 받은 금액에 대해 세금계산서를 발행할 수 있다. 받은 시점과 실제 공급 시기 사이에 세금계산서를 언제든 발행할 수 있다.

(2) 선 발행하고 7일 이내에 대가를 받는 경우

선 발행하고 7일 이내에 돈을 받으면, 선발행의 공급 시기는 문제가 되지 않는다. "판매자 너가 세금계산서를 먼저 발행해 주면, 구매자인 내가 결재를 올려서 7일 안에 돈을 줄게" 하는 경우가 있다. 이때의 세금계산서는 청구서의 역할을 한다.

(3) 선 발행하고, 7일이 지나고 대가를 지급받는 경우, 다음 중 어느 하나에 해당 시

가) 계약서, 약정서 등에 대금청구일(세금계산서 발행일)과 지급일을 따로 기재하고, 대금청구일로부터 30일 이내에 지급받는 경우

나) 세금계산서 발행일이 속하는 과세기간에 재화 또는 용역의 공급 시기가 도래하는 경우

만일 미리 약정한 경우에는, 세금계산서를 선 발행하고 실제 대가의 지급일이 선발행 후 30일 이내인 경우에도 적법한 것으로 인정된다. 계약서를 쓰고, 청구일과 지급일을 기재한다.

"판매자 너가 세금계산서를 먼저 주면, 구매자인 내가 결재를 올려서 돈을 줄게. 그런데 우리 회사는 크고 복잡해서 결재를 받는 데

7일은 훨씬 넘긴단 말이야. 물론 30일은 안 넘겠지만…." 이런 경우에 사용할 수 있다. 이때에도 세금계산서는 청구서적인 성격이다.

4. 전자세금계산서 관련한 불이익

전자세금계산서를 무조건 발행해야 하는 곳이 있다. 법인사업자와 직전 연도 공급가액 2억 원 이상인 개인사업자이다. (종전 3억 원에서 2022년 7월 1일부터 2억 원 이상으로 개정되었다. 2023년 7월부터는 직전 연도 공급가액 1억 원 이상인 사업자는 전자세금계산서를 발행해야 한다)

세금계산서와 관련한 대표적인 불이익은 다음과 같다.

구분		공급하는 자	공급받는 자
미발급		가산세 2%	매입세액 불공제
지연발급	부가세 확정 신고 전	가산세 1%	0.5%가산세 (매입세액은 공제 가능)
	부가세 확정 신고 후	가산세 2%	0.5%가산세 (매입세액 불공제) 단, 공급 시기가 속하는 확정신고기한의 다음 날로부터 6개월 이내 세금계산서 발급 시 수정신고, 경정청구, 세무조사 받을 때 매입세액 공제 가능
종이 세금 계산서 발급		가산세 1%	매입세액 공제

<실무에서 많이 발생하는 사례>

월 합계세금계산서 방식으로 한 달에 한 번 몰아서 세금계산서를 발행하는 경우, 다음 달 10까지 세금계산서를 발행해야 한다. 그런데 가끔 판매자가 깜박하고 세금계산서 발행을 놓치는 경우가 종종 있다. 판매자가 미안한 상황이다. 어떻게 할까?

이 경우 종이 세금계산서를 발행하면 해결이 된다. 판매자만 가산세 1%를 부담하고, 구매자는 아무런 불이익이 없이 매입세액을 공제받을 수 있다. 구매자가 종이 세금계산서를 잘 보관해야 하는 귀찮은 점은 있다. (잘 보관해 놓았다가 담당 세무사에게 넘겨주기, 안 주면 세무사는 모른다)

5. 이알피를 사용한 세금계산서 발행

세금계산서는 국세청 홈택스 사이트에서 발행할 수 있다. 준비물은 인증서이다. 국세청의 사이트도 잘 구성이 되어있다.

사업이 어느 정도 돌아가면 이알피(또는 회계프로그램)를 도입하자. 이알피를 통해 세금계산서를 발행하는 것을 추천한다. 인증서를 이알피에 한 번 등록을 하면 간단한 클릭질로 대부분의 업무가 해결된다. 매번 국세청 사이트에 암호를 입력해 로그인하는 번거로움도 없다. 그리고 세금계산서의 발행에서 수정까지의 모든 절차가 간편하다.

요즘은 회계프로그램을 포함한 폭넓은 관리 프로그램이 상용화되어 있다. 예전에는 그 회사에 맞도록 커스터마이징을 하느라 큰 비용이 들었다. 요즘은 범용 이알피가 많이 나와 있다. A부터 Z까지의 여러 기능을 모두 만들어 놓고, 각 회사가 필요한 부분을 선택해서 쓰도록 한다. 사용료도 저렴하다.

정리

1. 세금계산서의 필요적 기재사항 5가지를 숙지하자.
2. 세금계산서의 작성 일자는 공급일이다.
3. 월 합계세금계산서는 여러 건의 거래를 말일 날짜로 한 방에 끊는 것이다. 언제까지? 다음 달 10일까지
4. 선발행세금계산서는 '돈'을 받는 특정 조건으로 가능하다.
5. 전자세금계산서의 불이익을 맞지 않도록 조심하자.
6. 이알피 또는 프로그램을 사용하면 세금계산서 업무가 편하다.

---

[3] 수정세금계산서는 이것만 알면 된다

앞서 세금계산서의 발행을 배웠다. 여기서는 발행된 세금계산서를 수정하는 방법을 정리해 본다. 국세청 사이트의 인터페이스를 다루기 보다는 지난번과 마찬가지로 이해 중심의 서술을 해보겠다. 이번 장의 내용을 숙지하면, 실무에서 마주하는 세금계산서 업무는 대부분 처리할 수 있다. 이 범위를 벗어나면 나의 세무사에게 연락하거나, 국세청에 문의하면 된다. 대개 과세기간이 지난 과거의 일로 인해 생긴 문제들이다.

1. 수정세금계산서 발행 방법

〈수정세금계산서의 발행〉이란 이미 발행된 세금계산서를 수정하는 일이다. 수정세금계산서의 발행법은 아래의 표만 이해하면 끝이다. 복잡해 보인다. 그러나 실무에 나오는 유형은 거의 정해져 있다.

세금계산서를 수정할 때에는 수정 사유를 먼저 판단해야 한다. 아래 표에서 '구분' 항목이 〈수정하는 사유〉이다. 홈택스에서 실제 수정을 할 때도, 아래 '구분'의 〈수정사유〉 선택 화면이 나온다.

구분			작성,발급방법			발급 기한
			방법	작성 연월	비고	
(1) 당초 작성 일자	기재사항 등이 잘못 적힌경우	착오	당초발급건 음(-)의 세금계산서 1장과 정확한 세금계산서 1장 발급	당초 세금 계산 서의 작성 일자	-	착오 사실 인식일
		착오 외				확정신고기한 까지
	세율을 착오로 잘못 작성한 경우					착오 사실 인식일
	착오에 의한 이중발급		당초발급건 음(-)의 세금계산서 1장 발급			
	면세 등 발급 대상이 아닌 거래					
	내국신용장 등 사후발급		음(-)의 세금계산서 1장과 정확한 영세율 세금계산서 1장 발급		내국 신용장 개설일	

구분		작성,발급방법			발급 기한
		방법	작성 연월	비고	
(2) 새로운 작성 일자 생성	공급 가액 변동	증가되는 분에 대하여 정(+)또는 음(-)의 세금계산서 1장 발급	변동 사유 발생	처음 세금 계산서 작성일	변동사유 발생일 다음달 10일 까지 발급
	계약의 해제	음(-)의 세금계산서 1장 발급	계약 해제 일	상동	계약해제일 다음달 10일 까지 발급
	환입	환입 금액분에 대하여 음(-)의 세금계산서 1장 발급	환입 된날	상동	환입된날 다음달 10일 까지 발급

복잡해 보인다. 우선 아래의 글을 집중해서 보자. 이 부분만 이해하면 표가 눈에 들어온다. 이 표를 '수정의 사유에 따라' 두 부분으로 나누어 보자. (표에서 (1)과 (2)로 구분을 해놓았다.)

> (1) 처음부터 실수로 인해 세금계산서가 작성된 경우
> (2) 실수를 하지 않았지만, 후에 세금계산서를 변경할 일이 생긴 경우 ('그때는 맞고, 지금은 틀리다'의 느낌이다.)

(1)번 처음부터 실수한 경우에는, 과거로 돌아가서 필요한 부분을 고치는 개념이다.

▶ 따라서 수정세금계산서의 작성 일자는 〈당초 작성일자〉로 한다.

(2)번의 경우 처음에는 잘못이 없었다. 따라서 기존의 세금계산서는 건드리지 않는다. 그리고 변동이 발생한 부분을 새롭게 작성한다.

▶ 수정세금계산서 작업은 〈새로운 작성 일자〉로 해서 변화된 부분
만 새롭게 발행한다.

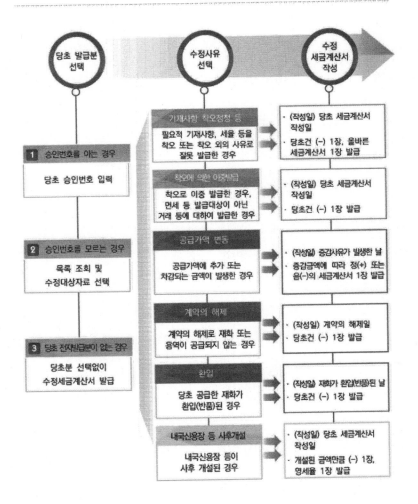

출처:국세청

2. 자주 발생하는 사례 정리

뭔가 수정은 해야겠는데, 사유를 선택하지 못해서 고민한다. 아래 사진은 국세청 홈택스 사이트에서 사유를 선택하는 화면이다. 사유만 잘 선택하면 절반은 한 것이다. ERP나 회계프로그램을 통해서 수정할 때에도 마찬가지이다. 화면만 다르지 아래의 사유를 선택해야 세금계산서의 수정을 할 수 있다.

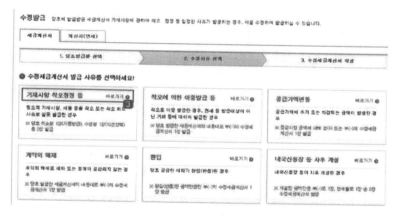

자주 일어나는 사례를 정리해 본다.

유형1	예시 (판매자 입장)	처리법
금액, 날짜 실수	공급가액이 200,000원인데, 100,000원으로 잘못 발행한 경우	(1)〈기재사항 착오정정〉사유를 선택 (2)기존 건을 찾아서 음(-)의 세금계산서 1장을 만들고, 정확한 세금계산서 1장도 발급한다.
이중 발행	100,000원 물건을 1개 판매하고, 공급가액 100,000원 세금계산서를 2건 발행한 경우	(1)〈착오에 의한 이중발급〉사유 선택 (2) 기존 건을 찾아서 음(-)의 세금계산서 1장을 만든다.

유형2	예시 (판매자 입장)	처리법
가격 변동	100,000원 물건을 1개 이미 판매했는데, 거래처의 부탁으로 80,000원으로 할인해 준 경우	(1) 〈공급가액 변동 등〉사유를 선택. (2) 증감 금액이 발생한 날을 작성일자로 하여, 증감 금액만큼 수정세금계산서를 발급한다.
반품	제품 10개를 판매했는데, 그중 5개가 반품된 경우	(1) 〈환입〉사유를 선택한다. (2) 환입(반품) 금액만큼 음(-)의 수정 세금계산서 1장 발급한다.
거래 취소	계약서를 쓰고 돈을 받아서, 세금계산서를 발행해 주었는데, 거래가 취소된 경우	(1) 〈계약의 해제〉사유를 선택한다. (2) 당초 금액 전액에 대해서 음(-)의 세금계산서를 발급한다.

3. 실무에서 마주치는 애매한 경우

"한 장에 나오도록 수정해 주세요~~"
"무슨 사유? 난 그런 거 모르겠고…"

(1) 꼭 한 장에 집착하는 구매자가 있더라

내가 판매자일 때, 종종 애매한 상황을 만난다. 세금계산서를 수정할 때 구매자가 수정세금계산서 내용을 한 장에 볼 수 있도록 뽑아달라고 요청한다. 그들에게 사유 같은 것은 상관없다. 보기 편하게해달라는 것이다.

그러나 위에서 배웠듯이 공급가액의 변동 시 (물건가격 깎아주거나 할 때) 증감 부분만 처리하게 되어있다. 기존 것이랑 두 장으로 보기 귀찮다는 것이다. 한 장에 내용이 다 나오도록 하려면 〈기재사항 착오정정〉으로 가서, 기존 것 1장을 마이너스 처리하고, 새로운 것 1장을 작성해야 한다.

구매자로서는 산뜻한 기분을 느낄지 모르겠지만, 원칙과 다른 처리 방법이다. 되도록 원칙대로 처리하자. 구매자에게 잘 설명을 하자.

그런데도 꼼수(?)를 써야 한다면 어떻게 할까? 항상 '어떻게 증명을 할까?'의 자세로 접근해야 한다. 예를 들어 〈기재사항 착오정정〉으로 처리하려면 내가 실수했다는 것을 증명하면 된다. (억울하지만) 따라서 최종 수정 금액의 견적서를 날짜까지 잘 꾸며서 증빙자료로 준비해 두면 된다.

사실 이렇게까지 안 해도 된다. 요지는 대략 이런 자세로 일을 해야 나중에 문제의 소지가 없다는 것이다. 우리 회사의 경우 납품 사진까지 찍어서 보관하는 것이 시스템화되어 있다. 세금계산서와 납품 사진이 무슨 관계가 있을까? 세금계산서는 물건에 따라가는 서류이다. 따라서 납품 사진을 잘 보관하면, 고객 컴플레인은 물론 이런 세무 부분도 소명이 되는 효과가 있다

(2) 전량 반품의 경우

전량 반품의 경우 〈환입〉으로 처리할지, 〈계약의 해제〉로 처리할지

고민하는 경우가 많다. 일부 반품의 경우는 깔끔하게 환입으로 처리하면 된다. 그런데 전량 반품의 경우 누군가는 (심지어 시중의 어느 책도) 〈계약의 해제〉로 처리한다고 나와 있어서 혼동을 준다.

국세청의 QnA를 찾아보면 전량 반품의 경우에도 역시 〈환입〉으로 처리하도록 되어있다. 〈계약의 해제〉 사유는 물건이나 서비스가 아직 공급되지 않으면 선택하는 것이라고 나와 있다.

4. 수정세금계산서 발급과 부가가치세 수정신고 대상 여부

구분	사유	부가가치세 수정신고 대상 여부		
		작성 연월	대상	사유
당초 작성 일자	신고기한 내 수정사유 발생	당초 작성일자	대상 아님	신고기한 내 당초 및 수정세금계산서가 발급된 경우 합산신고
	신고기한 경과후 수정사유 발생	당초 작성일자	대상	신고기한 경과 후 수정세금계산서 발급한 경우 합산 신고 불가로 수정신고 대상임
새로운 작성 일자	공급가액 변동	변동사유 발생일	대상 아님	환입 등 수정사유가 발생한 시기가 공급시기이므로 사유 발생한 과세기간에 신고 대상임
	계약의 해제	계약 해제일		
	환입	환입된날		

세금계산서를 수정하고 나면, 부가세도 수정신고를 해야 할지에 대해서 고민하게 된다.

〈새로운 작성 일자〉의 경우 수정 내용이 새롭게 창조되는 개념이라서 그다지 신경 쓸 것이 없다.

여기서 눈여겨봐야 할 것은 〈당초 작성 일자〉이다. 신고기한이 지나 수정이 되면 부가세 수정신고를 해야 한다. 신고기한이 있다는 것은 가산세와 관련이 있으므로 유의해야 한다. (금액이 많다면 담당 세무사와 상담하기)

예리한 사람이라면 앞에서 〈기재사항 착오정정〉 란에서 〈착오〉와 〈착오 외〉의 경우로 나누어져 있는 것을 보았을 것이다. 착오냐 아니냐에 따라서 수정세금계산서의 기한이 다르다. 〈착오〉의 경우 발급기한이 〈착오 사실을 인식한 날〉이라서 가산세가 없다. 〈착오 외〉의 경우 확정신고 기한을 놓치면 가산세를 내야 한다. 따라서 이 경우에도 어떻게 증명을 할지의 관점으로 접근해야 한다.

정리

1. 수정세금계산서는 사유를 잘 찾아가면 된다.
2. 수정 유형은 자주 나오는 사례 5가지를 숙지하자.
   원칙대로 잘 처리해왔으면 수정도 쉽다.
3. 실수로 잘못 발행된 경우는 〈당초 작성일자〉로 수정을 한다.
   기존 것은 마이너스 처리하고, 올바른 내용으로 새롭게 1장을
   발행한다.
4. 실수 발행이 아닌, 후에 거래 관계가 변동된 경우 〈새로운
   작성일자〉로 수정한다. 기존 것은 건드리지 않고, 변동된
   부분만 새로운 세금계산서로 발행한다.

5. 되도록 원칙대로 처리하자. 부득이하게 원칙을 벗어난 때에
   는 '어떻게 설명할 수 있을지도 생각해 보자.

[4] 영수증까지 잘 챙기기

1. 적격증빙이 없으면 간이영수증이라도 받자

이제까지 적격증빙에 대하여 알아보았다. '무조건 적격증빙을 챙겨야지'하는 마음이 들 수도 있겠다. 그러나 실전은 다르다. 사업과 관련한 거래를 하다 보면 적격증빙을 받지 못하는 경우도 상당히 많다. 물론 대부분이 작고 영세한 업체과 거래할 경우이다. 액수가 적어서 넘어갈 수도 있는데 이 금액이 쌓이면 커진다.

세금계산서를 받지 못했을 때는 다른 적격증빙인 신용카드 영수증이나, 현금영수증을 받도록 노력을 해본다.

만일 이마저도 좌절이 된다면, 적어도 거래 사실을 증명할 수 있는 (간이) 영수증이라도 받아야 한다. 영수증을 받으면 부가가치세를 신고할 때 매입세액 공제를 받을 수 없지만, 종합소득세 혹은 법인세를 신고할 때 비용으로 인정받을 수 있다.

다시 정리한다면, 적격증빙을 못 받을 시, 간이영수증이라도 받으면 적어도 비용처리는 할 수 있다. 건당 3만 원 이하인 간이영수증만 가산세가 없는 비용으로 인정된다. 간이영수증과 같은 일반증빙은 5년 동안 보관을 해야 할 의무가 있다.

2. 간이영수증만 끊어주겠다는 심리는?

버젓이 사업자가 있는데도 불구하고 간이영수증만 끊어주겠다는 곳들이 있다. 간이영수증은 사실 어찌 보면 종잇조각이나 다름없다. 백지수표와 같다. 빈칸에다 수기로 임의의 금액을 쓰면 그것이 증빙되는 것이다.

그래서 기업 간 거래를 할 때 구매 담당자가 이를 이용해 회사의 돈을 횡령하기도 한다. 예를 들어 건당 3만 원까지 인정이니, 실제로는 3만 원 지출하고 간이영수증은 두 장 달라고 해서 회사에는 6만 원을 청구하는 식이다.

판매자의 입장은 어떨까? 판매자가 구매자가 원하는 대로 적격증빙을 끊어주면 해당 거래가 매출로 잡힌다. 그런데 간이영수증은 종잇조각과 같은 것이라 신고를 안 하기 쉽다. 매출로 잡히지 않으면 낼 세금이 줄어든다. 한마디로 세금을 내기 싫어서 간이영수증으로 유도하는 것이다.

그러나 이는 엄연한 매출누락행위이다. 국세청이 영세한 사업자까지 건드리지 않아서 당장은 아무 일이 없다. 국세청이 몰라서 못 잡는 것이 아니다. 구매자는 간이영수증이라도 받아서 비용처리를 하고 있으므로 거래상대방이 매출 누락을 하고 있다면 걸릴 수밖에 없다.

3. 꼭 기억하기

▶ 건당 3만 원 초과하는 지출의 경우는 꼭 적격증빙을 받자.

▶ 건당 3만 원 초과인데, 간이영수증을 받았다면 비용처리는 되지만, 증빙불비가산세가 있다.
  *증빙불비가산세 = 거래금액 x 2%

▶어쩔 수 없이 간이영수증을 받으면 건당 3만 원을 넘지 않도록 하자.비용처리도 되고, 가산세도 없다. 현장에서는 3만 원을 넘기는 지출의 경우에 3만 원짜리 영수증을 여러 장 끊어서 분산하는 경우도 많다. 그러나 국세청에서 조사가 나오면 적발당하게 된다.

▶간이영수증은 신고기한 이후 5년 동안 보관해야 한다.

참고 : 세금계산서 대신 〈영수증〉을 발행해야 하는 경우

- 목욕, 이발, 미용업 자의 본래 사업용역
- 여객운송업자의 여객운송용역 (전세버스운송사업제외)
- 입장권을 발행하여 영위하는 자가 공급하는 재화 또는 용역

- 의사가 제공하는 미용 목적 성형수술 등 과세되는 의료용역을 공급하는 사업
- 수의사가 제공하는 과세되는 동물의 진료용역
- 무도학원, 자동차 운전학원의 용역을 공급하는 사업

-간이과세자 (신규 간이과세자 or 직전 연도 공급 대가 합계 4,800만 원 미만)

Chapter 4.
사업운영 시 꼭 만나는 세무

[1] 직원이 생기면 신고가 일이다
: 원천세와 사대보험

1. 원천세와 사대보험 기초

(1) 정규직 직원고용의 의미

사업을 하다 보면 인력을 쓰는 순간이 온다. 가벼운 인력이 필요하다면 일용직(아르바이트)이 될 것이고, 일시적으로 전문적인 일을 맡길 때는 프리랜서를 고용할 것이다. 일감이 많아져서 지속적으로 인력이 필요할 때에는 정규직 채용을 하게 된다.

사람을 쓰게 되면 상당히 많은 것들을 신경 써야 한다. 그냥 통장에 일한 만큼 돈만 넣어주면 될 것 같은데 그게 아니다. 원천징수, 지급명세서, 사대보험, 근로기준법 등 여러 가지가 있다. 프리랜서를 사용한 경우를 예로 들어본다. 프리랜서에게 일을 맡기고 20만

원을 주기로 했다. 현실에서는 20만 원을 이체하고 끝내는 경우도 많다. 그런데 정석대로 처리하자면 간단하지 않다.

우선 대가를 지급한 다음 달에 홈택스에 〈원천징수이행상황신고서〉를 작성하고 지급액의 3%를 낸다. 그 후 위택스에서 0.3%를 지방세로 낸다. 또한 다음 달 6일에는 홈택스에서 〈사업소득 간이지급명세서〉를 제출한다. 프리랜서가 그나마 신고가 간단한 편인데도 세 가지 일을 처리해야 한다.

□ 직원 고용시 신고해야 할 것

No	신고내용	제출기한	비고	내가 고용한 이
1	원천징수 이행상황신고서	다음 달10일	홈택스신고	정규직, 일용직, 프리랜서
2	원천징수에 대한 지방(소득)세 신고	다음 달10일	위택스신고	
3	근로소득 간이지급명세서	1~6월:7/31까지, 7~12월:다음해1/31까지	소득자 개인정보와 월별지급액	정규직
4	근로소득 지급명세서	다음 해 3/10일	근로,의료비,기부금 지급명세서	정규직
5	사업소득 간이지급명세서	다음 달 말일까지	2021년 7월 부터 일용근로 지급명세서와 프리랜서 간이지급명세서 매월 제출로 개정	프리랜서
6	일용직 지급명세서	다음 달 말일까지	별도로 다음달 15일까지 '근로내용 확인신고' (근로복지공단)	일용직

위의 표에 원천세에 관련해 신고해야 할 것들을 정리해 보았다. 정규직 직원은 프리랜서보다 훨씬 더 복잡하다. 사대보험, 연말정산과 퇴직금까지 신경을 써야 한다. 사업이 어느 정도 성장해서 직원을 고용하는 경우 세무대리인의 도움은 필수다. 소규모 기업일수록 급

여나 세무업무 때문에 시간을 빼앗기는 사례가 많다. 작은 회사일수록 한 사람의 생산성을 높여야 한다. 어느 정도 사업이 돌아가면 세무의 큰 틀은 숙지하되 외부에 의뢰하고, 본업에 집중하는 것이 현명하다.

단, 사업 규모를 더 키울 욕심이 없거나 시간적 여유가 있는 편이라면 회계프로그램 정도만 사용하고 세금신고와 급여업무를 직접 처리하는 것도 하나의 방법이다. 여기서는 직접 신고를 하는 방법도 소개하겠지만, 큰 틀을 이해한다는 취지로 기록을 해보겠다.

회사에서 인력을 사용하고 대가를 지급하는 경우는 크게 3가지가 있다. (1) 정규직 직원, (2) 프리랜서, (3) 일용근로자이다. 이 챕터에서는 이 세 가지를 살펴본다. 정규직 직원에 관한 이야기를 먼저 해 보겠다.

참고 : 원천세 관련 제출서류

원천세에 관련하여 국세청에 제출해야 하는 서류는 크게 두 가지이다. 〈원천징수이행상황신고서〉와 〈지급명세서〉이다.

〈원천징수이행상황신고서〉는 내야 할 세금을 계산한 '계산서'라고 생각하자. 돈을 지급하고 나서 다음 달 10일까지 무조건 신고해야 하는 서류이다.

직원 개인의 정보는 없으며, 회사별 "몇 명분으로 원천세를 얼마 지급했다"를 기록해서 제출한다.

〈지급명세서〉는 개인별 증빙이라고 생각하자. 1년에 한 번 연말정산 시 제출하는 것이다. 〈간이지급명세서〉라는 것이 생겼는데, 이는 1년이 되기 전에 유형별로 반기별, 혹은 매달 제출을 해야 한다.

(2) 원천세와 근로소득세

직원이나 프리랜서를 고용할 때 필수적으로 알아야 할 것이 원천세이다. 원천세는 말 그대로 원천적으로 세금을 미리 뗀다고 해서 원천세이다. 미리 떼는 세금은 사실 〈소득세〉이다. 직원이라면 〈근로소득세〉이고 프리랜서라면 〈사업 소득세〉이다. 한마디로 급여를 줄 때 미리 세금을 어느 정도 떼고 나머지 금액을 지급한다는 것이다.

"돈을 줄 때는 그냥 주면 안 된다" 직원을 고용하고 돈을 줄 때도 마찬가지다. 돈을 줬으니 뭔가 증거물을 받아야 한다. 그런데 직원이나 1인 프리랜서는 증거물을 발행할 능력이 없다. 따라서 세법에서는 회사가 대신 일정한 금액을 떼어서 나라에 내도록 정해 놓았다. 미리 어느 정도 내었다가 1년에 한 번 연말정산을 통해 정확한 세금이 정해지면 그때 정산하게 되어있다.

가) 월급 지급 시

정규직 근로자는 〈근로소득 간이세액표〉에 따라 월급에서 일정 금액을 차감하여 세금을 미리 낸다. 아래는 근로소득 간이세액표이다. 이 표를 보고 임의의 금액을 월급에서 미리 떼어 납부하는 것이다.

월급여액(천원) [비과세 및 학자금 제외]		공제대상가족의 수						
		1	2	3	4	5	6	7
3,800	3,820	184,260	156,400	100,140	85,060	71,930	58,810	45,680
3,820	3,840	186,930	159,050	102,590	86,770	73,640	60,520	47,390
3,840	3,860	189,600	161,710	105,030	88,480	75,350	62,230	49,100
3,860	3,880	192,270	164,360	107,480	90,190	77,070	63,940	50,820
3,880	3,900	194,940	167,020	109,920	91,900	78,780	65,650	52,530
3,900	3,920	197,610	169,670	112,370	93,620	80,490	67,360	54,240
3,920	3,940	200,280	172,330	114,810	96,060	82,200	69,080	55,950
3,940	3,960	202,950	174,980	117,260	98,510	83,910	70,790	57,660
3,960	3,980	205,620	177,640	119,700	100,950	85,620	72,500	59,370
3,980	4,000	208,290	180,290	122,150	103,400	87,340	74,210	61,090
4,000	4,020	210,960	182,950	124,590	105,840	89,050	75,920	62,800
4,020	4,040	213,630	185,600	127,040	108,290	90,760	77,630	64,510

급여 대장을 살펴보면 〈소득세〉항목에 위의 〈근로소득간이세액표〉의 금액이 들어가 있는 것을 확인할 수 있다.

급여대장

사번	이름	입사일	기본급	① 식대	차량지원금	지급총액	② 국민연금	건강보험	요양보험	고용보험	③ 소득세	지방소득세	공제총액	지급액
1			5,000,000	100,000	200,000	5,300,000	225,000	174,750	21,440	45,000	234,100	23,410	723,700	4,576,300
2			4,000,000	100,000	200,000	4,300,000	180,000	139,800	17,150	36,000	124,590	12,450	509,990	3,790,010
3														-
4														-

나) 연말정산 시

매월 근로소득세를 원천징수한다면 1년 후에는 미리 낸 금액 1년 치가 쌓여있을 것이다. 이를 연말정산 시에 정식 세금계산을 한 금 액과 비교해 정산하는 것이다. 미리 낸 금액이 많다면 환급을 받는 것이고, 적다면 더 내는 것이다. 정식으로 근로소득세 계산을 하는 방법은 다음과 같다.

□ 근로소득 연말정산

단계	결과	계산방법
1단계	총급여액	연간 근로소득 - 비과세소득
2단계	근로소득금액	총급여액 - 근로소득공제
3단계	차감소득금액	근로소득금액 - (①+②+③) ① 인적공제(기본공제, 추가공제) ② 연금보험료공제(공적연금의 근로자 부담금) ③ 특별소득공제
4단계	과세표준	차감소득금액 - 그 밖의 소득공제 + 소득공제 종합한도초과액
5단계	산출세액	과세표준에 기본세율을 적용하여 계산
6단계	결정세액	산출세액 - 세액감면 - 세액공제
7단계	차감납부환급세액	결정세액 - 기납부세액 - 납부특례세액

□ 근로소득공제

총급여액	공제액(2,000만원 한도)	공제액(2,000만원 한도,속산표)
500만 원 이하	총급여액의 70%	총급여액의 70%
500만 원 초과 1,500만원 이하	350만원 + 500만원 초과액의 40%	총급여액×40%+150만원
1,500만 원 초과 4,500만원 이하	750만원 + 1,500만원 초과액의 15%	총급여액×15%+525만원
4,500만 원 초과 1억 원 이하	1,200만원 + 4,500만원 초과액의 5%	총급여액×5%+975만원
1억 원 초과	1,475만원 + 1억원 초과액의 2%	총급여액×2%+1,275만원

원천세는 매달 발생한 인건비를 다음 달 10일까지 신고납부하는 것이 원칙이다. 상시 고용인원이 20인 이하인 경우에는 반기별 납부 신청도 가능하다. 직접 신고를 하는 경우 오히려 매월 그때그때 신고 납부를 하는 편이 헷갈리지 않는다.

(3) 사대보험이란?

매월 떼는 금액은 원천징수 외에도 사대 보험료가 있다. 이 둘은 다른 것이기 때문에 구분해야 한다. 원천세는 정규직 직원, 프리랜서, 일용근로자 모두에게 해당하는 내용이다. 이들에게 보수를 줄 때는 원천징수를 하고 돈이 나간다.

그런데 사대보험은 정규직 직원에게만 해당된다. 정규직 직원에게 급여가 나갈 때는 원천징수세액과 사대보험을 공제하고 남은 금액이 지급된다.

사대보험은 국민연금, 건강보험, 고용보험, 산재보험 이렇게 4가지이다. 국민의 기초적인 삶을 위해 나라에서 만들어 놓은 대표적인 사회보장제도이다.

월 소득을 기준으로 보험료가 산정된다. 그리고 1인 이상의 근로자를 사용하는 모든 사업장이 가입대상이다. 예를 들어 1인 개인사업자라면, 근로자 1명을 새로 채용하는 경우 〈사업장 성립신고〉를 해야 한다.

사대보험요율(2023)

명칭	전체요율	근로자부담	사업주부담
국민연금	9 %	4.5 %	4.5 %
건강보험 (장기요양보험)	7.09 % (건강보험의 12.81%)	3.545 %	3.545 %
고용보험 (고용안정, 직업능력개발사업)	1.8 % (150인 미만:0.25 %)	0.9 %	0.9 % (근로자 150인 미만 0.25%회사가 부담)
산재보험	업종별상이	–	- 사업종류별 요율 : 전업종 평균 1.43% (동결) - 출퇴근재해 요율 : 0.10% 으로 전년과 동결

2. 정규직 월급이 나갈 때 해야 할 일 (원천세와 사대 보험료 공제)

정규직 직원에게 매달 월급이 나갈 때는 원천세와 사대보험을 떼고 나머지 금액을 지급한다. 이때 낸 원천세는 일정 금액을 임의로 떼어놓은 직원의 근로소득세이다. 그리고 다음 해 3월 10일까지 연말정산을 해서 과부족 여부에 따라 정산을 하는 구조이다.

월급을 줄 때 원천세와 사대보험을 떼기 위한 절차는 다음과 같다.

사전작업 : 사대보험을 위한 〈사업장취득신고〉

---

(1) (최초) 4대 보험 〈사업장 취득신고〉가 되어있어야 한다.

정규직 직원을 1명 이상 뽑았을 때는 반드시 공단에 〈사업장 취득신고〉를 해야 한다. 이때 대표인 나도 함께 직장 가입자가 된다.

항목	신고기한
국민연금	해당일이 속하는 달의 다음달 15일까지
건강보험	적용일로부터 14일 이내
고용,산재보험	보험관계가 성립된 날부터 14일 이내

(2) 사대보험 자동이체 납부 신청하기

나와 직원의 월급이 정해지면, 비과세 급여를 빼고, 취득신고를 한다. 그러면 4대 보험료가 다음 달 10일에 청구된다.

납부 시에는 자동이체를 걸어 놓는 편이 낫다. 자동이체를 하지 않으면 매달 10일에 보험료 내는 것을 잊어버릴 수 있다. 연체료가 나온다. 연체료도 비용처리가 된다. 자동이체 신청은 건강보험공단사회보험포털징수 서비스나 건강보험공단 1577-1000으로 전화를 해서 직접 신청할 수 있다.

연체 시 4대 보험 관련해서 나오는 〈두루누리지원금〉을 받을 수 없게 된다. 국민연금과 고용보험의 일부를 지원해 주는 제도이다. 4대 보험 납부의 연체가 없어야 한다.

개인사업자 건강보험료는 직장, 지역가입자 모두 필요경비로 인정되며, 사업주 부담분도 필요경비로 인정된다. 반면, 국민연금은 필요경비가 아닌 소득공제 대상이다.

월급 나갈 때 해야 할 일

(1) 월급명세서 만들기 (사대보험과 소득세, 지방세 공제)

인건비는 계좌에서 이체했다는 자체로 비용으로 인정받을 수 없다. 인건비임을 신고해야 한다. 그래야 상대방도 소득으로 잡힌다.

ERP 혹은 회계프로그램이 있다면 정보를 입력만 하면 손쉽게 월급을 계산할 수 있다. 직원을 고용하게 되면 회계프로그램을 사용하는 것을 추천한다.

아래는 엑셀로 만들어 본 급여 대장의 사례이다.

급여대장

사번	이름	입사일	기본급	식대	차량지원금	지급총액	국민연금	건강보험	요양보험	고용보험	소득세	지방소득세	공제총액	지급액
1			5,000,000	100,000	200,000	5,300,000	225,000	174,750	21,440	45,000	234,100	23,410	723,700	4,576,300
2			4,000,000	100,000	200,000	4,300,000	180,000	139,800	17,160	36,000	124,590	12,450	509,990	3,790,010
3														-
4														-

급여 대장을 작성하는 방법은 다음과 같다.

① 식대와 차량지원금은 비과세 항목이라서 따로 구분한다. 기본급에서 제외되므로 이 비과세금액에 대한 부분은 세금이 계산되지 않는다. 4대 보험 또한 마찬가지로 보수총액에서 제외된다.
② 사대보험의 경우 〈국민건강보험EDI〉 사이트에 가입하고 정보를

입력한다. 그러면 사업장의 사대보험내역을 조회해 볼 수 있다. 그 내역을 보고 그대로 입력을 하면 된다.

③ 〈소득세〉항목이 바로 원천징수 금액이다. 〈근로소득 간이세액표〉를 보고 해당하는 금액을 그대로 입력하면 된다. 〈지방소득세〉는 〈소득세〉의 10%이다. 단수는 '0'으로 조정하면 된다. 〈소득세〉 홈택스에서 〈지방소득세〉는 위택스에서 각각 신고와 납부를 한다.

참고로 아래와 같은 사이트에서도 편리하게 급여를 계산해 볼 수 있다.

---

*노동OK (급여명세서 자동계산)

https://www.nodong.kr/AnnualIncomeCal

*근로소득 간이세액표 조회하기

홈택스 〉 조회발급 〉 기타조회 〉 근로소득간이세액표

https://www.hometax.go.kr/websquare/websquare.wq?w2xPath=/ui/pp/index_pp.xml&tmIdx=1&tm2lIdx=0111000000&tm3lIdx=0111060000

---

(2) 상기의 금액을 각 직원 계좌로 이체한다.

(3) 원천세 신고와 납부 (소득세와 지방세)

- 다음 달 10일까지 〈소득세〉를 홈택스에서 신고 납부한다.
- 다음 달 10일까지 〈지방세〉를 위택스(서울시는ETAX) 신고납부.
- 다음 달 10일까지 홈택스에〈원천징수이행상황신고서〉 신고납부.
   (신고/납부 → 원천세 → 정기신고)
  세무대리인을 사용하는 경우 세무담당자가 원천세 신고를 대신
  해주고 납부서를 우리에게 보내준다.
- 신고 후 〈원천징수이행상황신고서〉를 출력해 보관한다.

(4) 사대보험 납부

- 다음 달 10일까지 4대 보험 공제한 금액을 회사가 대신 납부
한다. 이때 내는 4대 보험은 임직원 본인부담금과 회사가 부담
  하는 4대 보험을 합친 금액이다.
- 국민, 건강, 고용보험은 직원과 회사가 반반 부담한다.
- 산재보험은 회사가 100% 부담한다.

3. 〈원천세 신고〉와 〈사업장취득신고〉 직접 해보기

(1) 원천세 신고 직접 해보기

원천세를 직접 신고하는 방법을 알아보자. 〈원천징수 세액〉을 알면 쉽게 신고할 수 있다. 〈근로소득〉〈사업소득(프리랜서)〉〈기타소득〉 모두 마찬가지다.

어려울 수 있는 부분은 연말정산이다. 1년에 1번 하는 연말정산은 근로자의 자료를 받아서 홈택스에 입력해야 한다. 연말정산을 하는 방법은 홈택스와 인터넷상에 자료가 많아서 따라 해 볼 수 있다.

사실 급여 업무를 직접 처리할 때 가장 어려운 점이 있다. 챙겨야 할 일정이 너무 많다는 것이다. 아래와 같은 여러 항목들을 빠뜨리지 않고 신고해야 한다.

□ 직원 고용시 신고해야 할 것

No	신고내용	제출기한	비고	내가 고용한 이
1	원천징수 이행상황신고서	다음 달 10일	홈택스신고	정규직, 일용직, 프리랜서
2	원천징수에 대한 지방(소득)세 신고	다음 달 10일	위택스신고	
3	근로소득 간이지급명세서	1~6월:7/31까지, 7~12월:다음해1/31까지	소득자 개인정보와 월별지급액	정규직
4	근로소득 지급명세서	다음 해 3/10일	근로,의료비,기부금 지급명세서	정규직
5	사업소득 간이지급명세서	다음 달 말일까지	2021년 7월 부터 일용근로 지급명세서와 프리랜서 간이지급명세서 매월 제출로 개정	프리랜서
6	일용직 지급명세서	다음 달 말일까지	별도로 다음달 15일까지 '근로내용 확인신고' (근로복지공단)	일용직

□ 홈택스에서 원천세 신고하기

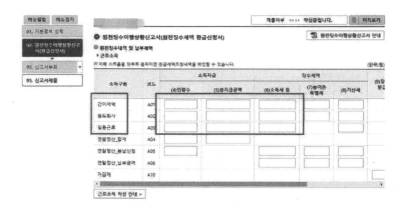

이 부분에 원천징수 금액을 기재한다. 일반적인 계속 근로자라면 〈간이세액〉 행에 기록을 한다. 사업장의 총인원 수, 총 지급 금액, 총 소득세(근로소득 간이세액)를 기재한다.

총지급액에 비과세는 포함하지 않는다. '소득세'는 지방세는 포함하지 않은 순수한 소득세를 뜻한다. 다음 해 2월에는 연말정산 항목까지 기재한다.

---

*중도퇴사 발생 시

중도퇴사가 발생하면, 퇴사자에게 퇴직하는 달의 급여를 지급하면서 연말정산도 함께 하도록 되어있다. 회계프로그램을 사용할 경우 편리하게 연말정산 계산을 할 수 있다.
직접 계산을 한다면 근로소득공제, 인적공제 등을 반영한다. 중도 퇴사자는 홈택스에서 개인별 자료를 조회할 수 없기 때문에 파악할 수 있는 정도만 반영한다.

그리고 다음 해 2월 연말정산 시에는 〈원천징수 이행상황신고서〉에 퇴사자는 빼고 신고해야 한다. 이 신고서를 통해 세금계산이 되기 때문에 환급이 중복처리가 될 수 있다. 〈원천징수영수증=지급명세서〉의 경우, 퇴사 시 제출을 하지 않았다면, 연말정산 시에 제출하면 된다.

정리하자면, 중도퇴사자는 다음 해 1월 중순부터 시작하는 〈연말정산 간소화 서비스〉를 이용하지 못하는 경우가 많다. 따라서 회사는 마지막 월급 정산 시 기본적인 공제 (본인 기본공제, 근로소득 세액공제)를 반영하여 소득세를 산출한다.

여기서 산출된 금액을 홈택스에 그대로 입력하면 된다. (-)금액이 나오면 환급이다. 그러면 회사가 근로자에게 환급을 해주고, 더 내야 할 추징이 있으면 마지막에 지급하는 월급에서 공제한다.

*중도퇴사 근로자의 입장

퇴사한 그해 그 근로자가 이직한다면 이전직장에서 받은 〈원천징수 영수증〉을 보관하고 있다가 새로운 직장에 넘겨준다. 새 직장에서 원천징수를 할 때 이전직장을 다니던 기간 개인적으로 지출했던 소득공제, 세액공제 항목들도 정산받을 수 있다.

이직이 아닌 공백기가 발생하는 근로자는 다음 해 종합소득
신고를 하는 5월에 연말정산을 다시 해야 추가 환급을 받을
수 있다. 기본적인 공제만 반영이 되었기 때문이다. 근로자
본인이 쓴 카드내역, 보험료, 연금저축 등 기타 비용들을 넣
으면 환급을 훨씬 더 많이 받을 수 있다.

사업소득과 기타소득도 마찬가지다. 다음 장에서 설명할 프리랜서와
기타소득의 경우 여기에서 입력하면 된다.

▶ 사업소득

※ 아래 스크롤을 좌우로 움직이면 환급세액조정내역을 확인할 수 있습니다.　　　　　　　　　　　　　　　　(단위:원)

소득구분	코드	소득지급			징수세액			(9)당월조정 환급세액
		(4)인원수	(5)총지급금액	(6)소득세 등	(7)농어촌 특별세	(8)가산세		
매월징수	A25							
연말정산	A26							
가감계	A30							

▶ 기타소득

※ 아래 스크롤을 좌우로 움직이면 환급세액조정내역을 확인할 수 있습니다.　　　　　　　　　　　　　　　　(단위:원)

소득구분	코드	소득지급			징수세액			(9) 환
		(4)인원수	(5)총지급금액	(6)소득세 등	(7)농어촌 특별세	(8)가산세		
연금계좌	A41							
종교인소득_매월징수	A43							
종교인소득_연말정산	A44							
가상자산	A49							
그 외	A42							
가감계	A40							

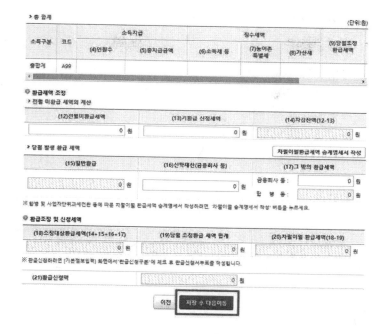

(2) 사대보험을 위한 〈사업장성립신고〉 하기

사업장성립신고는 EDI를 통해 신고할 수 있지만, 사대보험 포털사이트에서도 신고할 수 있다.

사대보험 포털사이트 (www.4insure.or.kr)
민원신고 〉 사업자업무 〉 성립

가) 사업장 성립신고

- 사용자 정보를 입력한다.
- 보험료 자동이체를 신청한다.
- 전자고지서를 신청한다.

인원수 입력란이 있는데, 각 공단별로 사용하는 용어가 다름에 주의한다.

공단별 인원수 용어

명칭	근로자수	가입대상자수	적용대상자수	상시근로자수
국민연금	법인대표자:대표자포함 개인대표자:대표자미포함	대표자 포함	-	-
건강보험	-	-	대표자 포함	-
고용보험	-	-	-	대표자 미포함
산재보험	-	-	-	

신고하는 사업장이 본사와 지점 관계 중 지점일 경우에는 〈국민연금〉란에서 분리적용 사업장 해당 여부에도 체크한다. 그리고 건강보험 란에서 〈본점 사업장 관리번호〉도 입력한다.

나) 사업장가입자 (직원)의 취득신고

월 소득 액에는 각종 수당과 상여금을 포함한 월평균 급여액을 입력한다. 단, 비과세금액은 제외한 세전 금액이다.

가입자 선택됨

가입자1 ⊕

가입자1

가입자 정보

⊞ 주민(외국인)등록번호·국내거소신고번호 ⑦		☐ - ☐		성명(한글)	☐
외국인	영문 성명				
	국적	☐ 🔍 ☐		체류자격 ⑦	☐ 🔍 ☐
⊞자격취득일 (YYYY.MM.DD) ⑦	● 공통 ☐ 📅 ※ 자격취득일이 오늘보다 이후일 수 없습니다. ○ 보험별				
⊞권 소득액 (소득월액·보수월액·월평균보수액) (원) ⑦	● 공통 ☐ 원 ○ 보험별				
대표자 여부	○ 예 ● 아니오				

국민연금 ■

⊞ 자격취득부호	☐ 🔍 ☐		⊞자격취득일 (YYYY.MM.DD) ⑦	☐
⊞ 취득월납부여부 ⑦	● 희망 ○ 미희망		⊞ 소득월액 ⑦	☐ 원
특수직종부호 ⑦	○ 광원 ○ 부원 ● 해당없음			
직역연금부호 ⑦	○ 직역연금가입자 ○ 직역연금수급권자 ● 해당없음			

건강보험 ■

⊞ 자격취득부호	☐ 🔍 ☐		⊞ 자격취득일 (YYYY.MM.DD) ⑦	☐
⊞ 보수월액 ⑦	☐ 원			
보험료	감면 부호	☐ 🔍 ☐		

(3) 전송하기

*참고 : 연말정산 시
- 연말정산 종합안내
국세청〉국세신고안내〉개인신고안내〉연말정산〉연말정산종합안내
https://www.nts.go.kr/nts/cm/cntnts/cntntsView.do?mi=2304&cntntsId=238938

- 연말정산 신고교육 영상 (국세청)
   https://www.youtube.com/watch?v=dgfVTUA8kW0

4. 프리랜서에게 보수를 줄 때

(1) 프리랜서는 원천세만 떼고 주면 된다.

창업 초기에 정규 직원의 채용이 부담스러울 수 있다. 정규직 한 명을 채용하면 그 연봉의 130~140%가 실제 지출되는 금액이다.

외부의 프리랜서에게 일을 맡기는 것도 하나의 방법이다.

창업 초기가 아니더라도 업무의 성격상 프리랜서를 사용하는 때도 있다. 디자인이나 개발, 영상촬영 등과 같은 분야이다. 이 외에도 여러 가지가 있는데, 짐을 들어주는 일을 의뢰해도 프리랜서이다.

회사에 소속되어 근로소득을 받으면서 부업의 형태로 일을 하는 프리랜서도 있다. 사업자등록증이 없어서 보통 3.3% 사업소득으로 원천징수 처리하는 경우가 대부분이다.

프리랜서 사업자에게 보수를 줄 때에는 4대 보험 신고 의무가 없다. 따라서 〈사업장가입자 취득신고〉절차도 필요없다. 원천세 신고만 신경 쓰면 된다.

프리랜서의 원천세는 2가지이다. 사업소득으로 처리할 것인지, 기타소득으로 처리할 것인지를 선택하면 된다.

소득의 종류	상황	원천징수 금액
사업소득	계속적 반복적으로 용역을 제공받는 경우	지급액의 3.3 %
기타소득	일시적으로 용역을 제공받는 경우	지급액의 8.8 %

여기서 말하는 〈프리랜서〉란 사업자등록증이 없는 개인이라고 보면 된다. 〈사업소득〉이라고 해서 정식 사업자가 있는 사람으로 생각하

면 안 된다.

당연한 이야기이지만 만약 내가 사용하는 프리랜서가 자신의 사업자를 갖고 있다면 세금계산서를 발행받아도 된다. 이때에는 해당 사업체의 세금계산서로 처리(부가세)하거나 아니면 프리랜서 개인의 사업소득(3.3% 공제)으로 처리하는 방법 중 선택을 하면 된다.

(2) 현실은 조금 다른 경우가 있더라.

법은 이렇게 되어있는데 현실에서 일어나고 있는 일들을 살펴보자. 보통 강사를 어렵게 초빙한 경우 세금을 떼는 것이 미안하다. 그래서 실제로 세금을 떼지 않는 일도 많다. 걸리지 않고 넘어가는 때가 더 많겠지만, 분명 탈세이다.

또한, 일시적 용역이지만 기타소득으로 8.8%를 떼고 주려니 미안한 감이 있다. 그래서 사업소득으로 처리해 3.3%만 떼고 주는 경우도 있다. 혹시나 국세청에서 딴지를 건다면 앞으로 계속 용역을 제공받으려 했다고 우겨볼 요량인 것이다.

사실은 다르다. 3.3%가 8.8%보다 숫자가 작아서 세금을 적게 내는 것 같아 보이지만, 실제로 따져보면 돈을 받는 입장에서 세금을 훨씬 더 많이 내게 되는 경우도 많다.

여기에서는 돈을 주는 사람입장에서 기술하였다. 돈 주는 사람은 일시적인지, 계속적인지만 판단하면 된다. 현실에서는 오해가 생기

지 않도록 잘 설명하는 일도 필요하다. 또한, 기타소득과 사업소득
은 서로 왔다 갔다 할 수 있는 여지도 있다.

지난 챕터의 '프리랜서로 사업 준비하기' 파트에 어떤 경우에 무엇
이 유리한지 정리해 두었다. 이 내용을 토대로 해당 프리랜서와 의
논을 해 기타소득으로 처리할지, 사업소득으로 할지 결정하면 될
듯 하다.

(3) 프리랜서에게 보수를 준 후의 신고업무

프리랜서는 해야 할 신고가 3가지이다. 정규직과 일용직보다 상대
적으로 쉬운 편이다. 아래의 표를 다시 살펴보자.

□ 직원 고용시 신고해야 할 것

No	신고내용	제출기한	비고	내가 고용한 이
1	원천징수 이행상황신고서	다음 달10일	홈택스신고	정규직, 일용직, 프리랜서
2	원천징수에 대한 지방(소득)세 신고	다음 달10일	위택스신고	
3	근로소득 간이지급명세서	1~6월:7/31까지, 7~12월:다음해1/31까지	소득자 개인정보와 월별지급액	정규직
4	근로소득 지급명세서	다음 해 3/10일	근로,의료비,기부금 지급명세서	정규직
5	사업소득 간이지급명세서	다음 달 말일까지	2021년 7월 부터 일용근로 지급명세서와 프리랜서 간이지급명세서 매월 제출로 개정	프리랜서
6	일용직 지급명세서	다음 달 말일까지	별도로 다음달 15일까지 '근로내용 확인신고' (근로복지공단)	일용직

가) 홈택스에서 원천징수 이행상황신고서 제출 및 납부
(다음 달 10일까지)
나) 위택스에서 지방세 신고 및 납부 (다음 달 10일까지)
다) 홈택스에서 간이지급명세서 제출 (다음 달 6일~말 일까지)
참고로 사업소득 3.3%가 아닌 기타소득으로 처리할 시에는 매달
제출하는 〈간이지급명세서〉의 의무가 없다. 이경우 다음 해 2월 말
까지 〈기타소득 지급명세서〉를 제출하면 된다.

5. 일용근로자에게 보수를 줄 때

1인 기업은 소득세와 부가세만 신경을 쓸 것이다. 직원이 없으므로
원천세는 중요하지 않다. 그런데 사업을 하다 보면 정규직원이 없
더라도 일용직 근로자는 사용하게 된다. 이 부분도 정리를 해 두자.

일용근로자 고용 시 가장 중요한 것이 있다. 신분증 사본을 받아놓
는 일이다. 일용직의 특성상 나중에 연락이 안 되는 경우도 많다.
때문에 신분증 사본을 꼭 먼저 챙겨야 한다. 이에 더하여 근무 일
수와 보수 지급액도 기록해 두는 편이 좋다.

참고 : 일용직의 원천징수 세액계산

(일 급여액 - 150,000원) x 2.7%(일)
1,000원 미만은 원천징수하지 않는다. 계산을 해보면 일당 187,000원까지는 세금이 '0'이다. 그러나 〈원천징수이행상황 신고서〉로 신고를 해야 비용으로 인정받을 수 있다. 참고로 지방소득세 10%까지 계산하면 2.7%가 아닌 2.97%를 공제한 다.

일용직 신고업무는 까다롭지는 않지만 번거롭다. 아래의 표를 보면 일용직을 고용 시 해야 할 신고 업무가 상당히 많다는 것을 알 수 있다. 언젠가는 세무대리인의 도움을 받아야 하는 이유이다.

(1) 일용직도 사대보험은 낸다?

□ 직원 고용시 신고해야 할 것

No	신고내용	제출기한	비고	내가 고용한 이
1	원천징수 이행상황신고서	다음 달10일	홈택스신고	정규직, 일용직, 프리랜서
2	원천징수에 대한 지방(소득)세 신고	다음 달10일	위택스신고	
3	근로소득 간이지급명세서	1~6월:7/31까지, 7~12월:다음해1/31까지	소득자 개인정보와 월별지급액	정규직
4	근로소득 지급명세서	다음 해 3/10일	근로,의료비,기부금 지급명세서	정규직
5	사업소득 간이지급명세서	다음 달 말일까지	2021년 7월 부터 일용근로 지급명세서와 프리랜서 간이지급명세서 매월 제출로 개정	프리랜서
6	일용직 지급명세서	다음 달 말일까지	별도로 다음달 15일까지 '근로내용 확인신고' (근로복지공단)	일용직

일용직근로자는 앞서 살펴보았듯 원천세가 없는 때도 있다. 일당이 187,000원 미만인 때이다. 주로 건설 근로자는 임금이 비교적 높아서 이 기준을 넘지만, 그 외의 분야에서는 아닌 경우도 많다.

실수하기 쉽다. 원천세가 없다고 판단해 전액 약정된 금액 그대로 지급하는 사례도 있는데 이는 잘못된 것이다. 일용직든로자도 사대보험 중 고용보험과 산재보험을 의무적으로 가입하기 때문이다.

일용직으로 〈원천세 신고〉와 〈지급명세서〉를 제출하는 기준은 세법상의 기준을 따른다. 이에 따라 3개월 미만 근로자는 일용직으로 신고한다.

참고 : 세법상 일용직의 정의
근로를 제공한 날 또는 시간에 따라 근로 대가를 계산하거나 근로를 제공한 날 또는 시간의 근로성과에 따라 급여를 계산하여 받는 사람으로서 근로계약에 따라 동일한 고용주에게 3월 (건설업은 1년) 이상 계속하여 고용되어 있지 아니한 자.

반면, 〈사대보험의 적용 여부〉는 세법상의 기준이 아닌 국민연금법 기준을 따른다. 즉 고용, 산재는 무조건 가입을 하고, 국민연금과 건강보험은 아래의 기준에 의한 자만 가입한다.

□ 일용직의 사대보험 여부

구분	기준	적용
세법상 일용직	동일한 고용주에게 3월(건설업은 1년)이상 고용되어 있지 아니한 자	일용직으로 소득세 원천징수
사업장가입자 아닌 경우 (국민연금법시행령 제2조)	-1개월 미만 근로자 -1개월 이상 근로했더라도, 월 8일 미만자 -1개월 이상 근로했더라도 월 60시간 미만자	사대보험 가입시 -고용,산재는 당연가입. -국민,건강은 좌측 기준에 해당 시 가입의무 X

정리하자면, 일용직 근로자라도 고용, 산재보험은 가입한다. 요율은 아래와 같다. 산재보험은 전액 사업주가 부담하는 것이고, 고용보험은 사업주와 근로자가 반반씩 부담한다. 따라서, 일용직 근로자에게 지급하는 실지급액에서는 0.8%를 차감하고 지급한다.

(2) 일용직 근로 내용확인 신고

그렇다면 일용직 고용 후 고용보험과 산재보험은 어떻게 처리할까? 근로복지공단에 〈근로내용확인신고서〉를 다음 달 15일까지 제출하게 되어있다.

---

*근로복지공단 고용 산재보험 토탈서비스

https://total.kcomwel.or.kr/

사업장관리번호가 있어야 한다. 사업장성립신고가 되어있지 않다면 고용 산재보험 토탈서비스에서 가입을 한 후 사업장관리번호를 발급받는다.

---

*일용직 근로내용확인신고

근로복지공단 고용 산재보험 종합서비스 〉 로그인 〉 근로내용확인신고 〉 고용관리/보수관리

□ 고용산재보험 신고화면

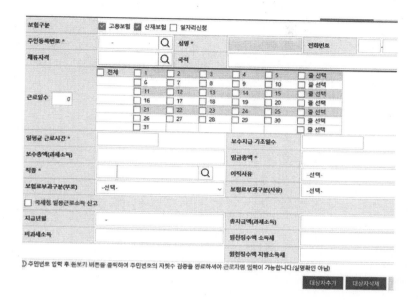

가) 보험 구분 〉 고용보험 산재보험 둘 다 체크하기

나) 주민등록번호 입력

다) 근로일수 일평균근로시간, 보수총액, 직종을 입력한다.

라) 접수 버튼 누르기

마) 신고가 끝이 나면 사대보험 납부서에 추가되어 청구된다.

(3) 〈원천징수이행상황 신고서〉 제출

인건비 발생 시 가장 중요한 것이 〈원천세 신고〉를 하고 〈지급명세서〉를 국세청에 제출하는 일이다. 일용직도 마찬가지다. 고용하고 지급된 비용에 대해서 경비로 인정받으려면 일용직 세금신고와 사대보험 신고를 해야 한다.

앞의 장에서 홈택스의 〈원천징수 이행상황신고서〉를 살펴보았다. 거기에서 일용직의 원천세 또한 함께 신고할 수 있다. (1) 총인원수와 (2) 총지급액, (3) 원천징수한 소득세 이 세 가지를 기입한다. 홈택스는 국세를 다루기에 지방세 신고는 포함하지 않는다.

홈택스 신고 후, 위택스에서 지방세 신고를 하며, 원천세납부금액이 '0'이라면 지방소득세는 신고하지 않아도 된다.

(4) 〈일용직 지급명세서〉 제출

2021년부터 〈일용직 지급명세서〉가 매월 제출하는 제도로 바뀌었다. 국세청에서 소득정보를 실시간으로 파악하기 위해서 이렇게 개정한 것이라고 한다. 일용근로자와 프리랜서를 사용 시 반드시 다음 달 말일까지 홈택스에서 신고를 해야 한다. 또한 다음 달 15일까지 근로복지공단에 근로내용확인신고도 한다

가) 소득자의 인적사항입력
나) 일용근로소득 내용입력
다) 등록하기

[2] 부가세 신고와 절세

1. 부가세 절세는 증빙을 잘 챙기는 것이다

개인사업자와 법인사업자의 가장 중요한 세금 두 가지는 〈부가가치세〉와 〈사업 소득세〉이다. 이 중 부가세는 간단한 구조로 되어있다. 관리만 잘 한다면 어렵지 않은 세금이다. 부가세 신고도 간단하다.

소득세는 매출의 규모가 커져서 복식 장부를 써야 하는 상황이 오면 세무사를 찾아서 기장의뢰를 해야 한다. 이와 달리 부가세는 매출 규모와 관계없이 혼자서 신고할 수 있을 정도의 난이도이다. 증빙들을 모아서 단순합산을 하는 구조이기 때문이다. 세무사 사무실에 기장을 맡기면 부가세 신고는 함께 처리해주고 있다. 반면 소득세의 결산은 결산비용을 따로 받는다.

부가세는 구조가 간단하므로 변수가 별로 없다. 절세의 특별한 비법이 있는 것이 아니다. 부가세는 증빙이 전부이다. 증빙을 챙기면 그 증빙만큼 돈을 절약한다.

부가세의 계산구조는 다음과 같다. 계산구조는 간단한데 매출액의 10%라서 금액이 아주 크다. 아예 물건을 팔고 10%는 내 돈이 아니라고 생각해야 한다. 따로 세금 전용 통장을 만들어서 구분해 두는 것도 좋다. 나중에 세금을 낼 때 몇천몇백이 나가게 되는데 평소 자금관리를 잘 못 하면 세금 낼 돈이 없을 수도 있다.

매출세액 (매출액x10%) - 매입세액 (매입액x10%) = 납부세액

내가 물건을 팔 때 받은 돈의 10%만큼이 '매출세액'으로 잡힌다. 내가 낼 세금이 정해지는 순간이다. 여기서 내가 사업상 필요한 물품을 구매할 때 물건가격의 10%를 더 내게 되는데, 이 금액을 '매입세액'으로 공제해준다. 공제하고 나머지 금액을 납부세액으로 내는 것이다. 만일 오히려 '매입세액'이 더 많은 상황이 되면 환급을 해준다. 단, 간이과세자와 면세사업자는 환급이 되지 않는다.

위의 공식을 보면 부가세의 절세방법은 딱 한 가지다. 매출세액은 줄일 수 없다. 그러니 매입세액을 늘리는 방법이 부가세를 줄이는 길이다. 이를 위해 〈적격증빙〉을 잘 챙겨야 한다. 적격증빙에 대해서는 앞의 챕터 3에서 설명을 하였다. 업무를 하다 보면 〈매출세액〉이 누락이 되는 경우는 거의 없다. 거래상대방이 초보가 아니라면 나에게서 〈적격증빙〉을 받기 위해 최선을 다할 것이기 때문이다. 그런데 내가 물건을 매입할 때에는 의외로 바쁘거나 귀찮다는 이유로 종종 받는 것을 잊어버리는 때가 있다. 그러면 그 세액만큼 돈을 버리는 것과 같다.

〈적격증빙〉을 잘 챙겨야 하는 것도 중요하지만 또 제때 챙겨야 한다. 세금계산서의 경우 꼭 다음 달 10일까지는 발행이 되어야 가산세가 없다. 그리고 수정세금계산서의 발행 시에도 수정 상황별로 룰에 따라 올바르게 처리해야 가산세가 없다. 이에 따른 구체적인 방법은 이미 앞에서 설명하였다.

꼭 기억할 것이 있다. 돈을 주고 물건을 살 때 받는 세금계산서나 적격증빙이 있을 것이다. 거기에 찍힌 세액은 내가 받아야 할 현금과 똑같다고 생각해야 한다.

2. 부가세 신고 기간 챙기기

□ 부가세 과세기간

◘ 과세기간 및 신고납부

◉ 부가가치세는 6개월을 과세기간으로 하여 신고·납부하게 되며 각 과세기간을 다시 3개월로 나누어 중간에 예정신고기간을 두고 있습니다.

과세기간	과세대상기간		신고납부기간	신고대상자
제1기 1.1~6.30	예정신고	1.1.~3.31.	4.1.~4.25.	법인사업자
	확정신고	1.1.~6.30.	7.1.~7.25.	법인·개인 일반사업자
제2기 7.1~12.31	예정신고	7.1.~9.30.	10.1.~10.25.	법인사업자
	확정신고	7.1.~12.31.	다음해 1.1.~1.25.	법인·개인 일반사업자

※ 일반적인 경우 법인사업자는 1년에 4회, 개인사업자는 2회 신고

- 개인 일반사업자와 소규모 법인사업자(직전 과세기간 공급가액의 합계액이 1억 5천만원 미만)는 직전 과세기간(6개월) 납부세액의 50%를 예정고지서 (4월·10월)에 의해 납부(예정신고의무 없음)하여야 하며, 예정고지된 세액은 다음 확정신고 시 기납부세액으로 차감됩니다.
- 예정고지 대상자라도 휴업 또는 사업 부진으로 인하여 사업실적이 악화되거나 조기환급을 받고자 하는 경우 예정신고를 할 수 있으며, 이 경우 예정고지는 취소됩니다.

► 간이과세자는 1년을 과세기간으로 하여 신고·납부하게 됩니다.

과세기간	신고납부기간
1.1.~12.31.	다음해 1.1.~1.25.

- 다만, 7월 1일 기준 과세유형전환 사업자(간이→일반)와 예정부과기간(1.1.~6.30.)에 세금계산서를 발급한 간이과세자는 1.1.~6.30.을 과세기간으로 하여 7.25.까지 신고·납부하여야 합니다.

출처 : 국세청

부가세의 신고와 납부기간은 복잡하지 않다. 그러나 사업자의 형태에 따라서 조금씩 다르기 때문에 종종 혼동을 일으키기도 한다. 사업자의 형태별로 부가세를 몇번 신고하고 납부하는 지를 정리하면 다음과 같다.

□ 귀속기간 별 부가세의 신고납부

구분	귀속								비고
	1분기		2분기		3분기		4분기		
법인	예정신고	납부	확정신고	납부	예정신고	납부	확정신고	납부	직전과세기간 수입 1억5천만원 미만시 예정신고x, 예정고지o
개인일반	예정고지	납부	확정신고	납부	예정고지	납부	확정신고	납부	예정고지세액 50만원 미만시 적용x
개인간이	예정고지/납부				-				예정고지세액 50만원 미만시 적용x
	확정신고/납부								

〈신고〉와 〈고지〉라는 용어의 차이를 알아두면 사업자별 신고납부의 형태를 기억하기 쉽다. 〈신고〉는 사업자가 자발적으로 세금을 파악해서 신고하는 것을 의미한다. 법인사업자는 위 표에서 〈신고〉라는 단어가 4번 나온다. 그래서 1년에 분기별로 4번 신고와 납부를 한다. 개인사업자 중 일반과세자는 〈신고〉가 2번이고, 간이과세자는 〈신고〉가 연 1회이다.

이에 비해 〈고지〉는 사업자가 매출매입을 별도로 파악하는 것이 아니라, 나라에서 이 정도의 금액을 내세요 하고 정해주는 것이다. 국세청에서는 직전 과세기간의 절반에 해당하는 금액을 고지하며, 고지를 받으면 그 금액을 납부만 하면 된다.

정리를 해보면 다음과 같다.

(1) 법인사업자는 분기마다 1년에 4번 신고와 납부를 한다.

(2) 개인 일반사업자도 분기마다 1년에 4번 납부를 한다. 그 중 2분기와 4분기에 2번만 신고납부를 한다. 1분기와 3분기에는 예정고지가 나오면 그 금액을 납부하면 된다. 다만, 예정고지액이 50만원 미만시 예정고지 대상에서 제외된다. 예정고지 대상자인지 확인하는 방법은 홈택스에서 확인할 수 있다.
[조회/발급] 〉 [세금신고납부] 〉 [부가가치세 예정고지 대상자 조회]

(3) 개인 간이사업자는 1년에 1번 신고와 납부를 한다.

간이사업자는 매출 4800만원 미만이면 부가세 납부의무가 없다. 따라서 매출 4800만원 이상인 자는 전년도에 납부세액이 있었다면 7월에 50%가 예정고지된다. 그리고 마찬가지로 이 금액이 50만원 미만시 예정고지 대상에서 제외된다.

3. 부가세 신고방법

부가세 신고방법은 홈택스에 잘 나와 있다. 신고방법은 홈택스 외에도 인터넷상에 정보가 넘쳐난다. 홈택스에는 업종별로 영상이 있어서 도움이 된다. 참고로 국세청 영상 말고 문서자료가 있는데 문서는 어렵게 구성되어 있어서 추천하지 않는다.

국세청 〉 국세신고안내 〉 개인신고안내 〉 부가가치세 〉 동영상자료실
https://nts.go.kr/nts/na/ntt/selectNttList.do?mi=40323&bbsId=131039

신고방법은 국세청의 영상을 참고로 하고 여기서는 자주 혼동을 하는 몇 가지만 짚어보기로 한다.

(1) 초반 서식선택에서 빠뜨리지 않기

입력 서식을 선택하는 난이 나온다. 나의 업종 코드에 해당하는 입력 서식은 기본적으로 체크되어 있다. 필요 여부에 따라 추가하고 해제할 수 있다. 여기서 체크 해제를 하면 해당 항목은 나중에 비활성화된다.

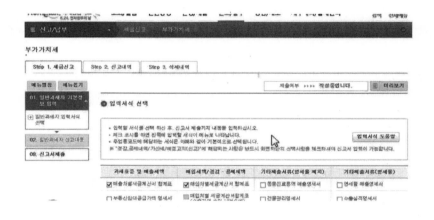

(2) 조회 후 입력하는 시스템이다

신고의 기본적인 원리는 '불러오기'를 클릭을 해서 내가 숫자를 입력하는 것이다. 불러와 지는 것은 그대로 입력을 하고, 불러와 지지 않는 것은 직접입력을 하는 것이다. 전자세금계산서는 불러오면 된다. 종이 세금계산서는 전산에 입력이 되어있을 리가 없으니 직접입력을 한다.

〈전자세금계산서 불러오기〉

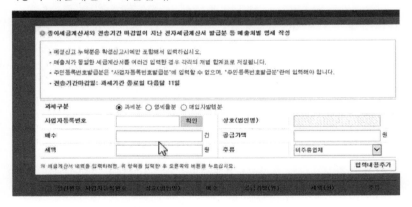

〈종이 세금계산서 직접입력〉

(3) 매출세액 계산 시 결제대행업체 분은 재확인 하기

배달의 민족 등 결제대행 사업자를 통한 매출 건도 최근 홈택스에서 조회가 되도록 개편되었다. 그런데 어떤 경우에는 홈택스의 금액과 결제대행업체에서 확인되는 실제 매출 금액과 차이가 나는 경우가 있다. 해당 판매자 계정에 들어가서 확인 후 매출 누락이 되지 않도록 유의해야 한다.

금액차이가 나서 머리가 아픈 경우가 있다. 이때에는 안전하게 큰 금액으로 신고를 하는 것도 방법이다. 카드매출의 경우 결제대행사에서 조회되는 금액이 총액이라면, 홈택스에서 조회되는 분은 카드매출로 신고하고, 나머지는 기타매출로 신고를 한다. 현금영수증도 마찬가지이다.

(4) 매출세액 : 신용카드매출전표에서 세금계산서 중복분은 제외

아래의 세금계산서 발급금액란에 중복금액을 입력해야 매출이 중복으로 계산되지 않는다. 애초부터 중복으로 발행하지 않는 것이 좋다.

(5) 신고 안 한 현금 매출분도 꼭 입력해야 한다.

(6) 매입세액 : 자동차 건물 등 감가상각 자산 매입 입력하기

◉ 매입세액 (단위:원)

항목		금액		세율	세액
세금계산서수취분 일반매입	(10)	75,000,000	작성하기		7,500,000
세금계산서수취분 수출기업 수입 납부유예	(10-1)		작성하기		0
세금계산서수취분 고정자산 매입	(11)	0	작성하기		0
예정신고 누락분	(12)	0	작성하기		0
매입자발행 세금계산서	(13)	0	작성하기		0
그 밖의 공제매입세액 (신용카드 매입, 의제매입세액공제 등)	(14)	0	작성하기		0
합계 (10)-(10-1)+(11)+(12)+(13)+(14)	(15)	75,000,000			7,500,000
공제받지 못할 매입세액	(16)		작성하기		0

(7) 매입세액 : 사업용 신용카드는 사업용 지출만 들어가도록 한다.

◉ 합계 (단위:원)

구분		거래건수	공급가액	세액
합계				
현금영수증	조회하기			
화물운전자복지카드	조회하기			
사업용신용카드	조회하기			
그 밖의 신용카드 등				

조회하기를 누르면 금액이 불러오게 된다. 그런데 이 금액은 참고
용이다. 사업과 관련 없는 매입이 포함된 경우에는 제외하고 입력
해야 한다.

따라서 사업용 신용카드는 미리 내역 정리를 한 후 조회하기를 해
야 한다. 우선 사업용 신용카드 등록한 것은 홈택스에 나오는데 홈
택스에서 미리 공제/불공제를 분류해둔다. 사업용 카드는 사업용으

로만 사용하는 것이 편하다. 이 분류 절차가 필요 없기 때문이다.

그리고 홈택스에 입력되지 않은 것은 카드사에서 부가세 신고용 자료를 받아야 한다. 그리고 거래처별로 일일이 써야 한다. 거래처별로 취합을 해서 거래처 사업자 번호를 쓴다. 건수와 합계액을 써야 한다.

4. 창업 인테리어와 증빙 문제

(1) 인테리어비는 세금계산서를 꼭 받기

인테리어비와 같은 설비투자금은 적게는 몇백에서 많게는 억 단위의 금액이 든다. 그래서 반드시 세금계산서를 발급받는 편이 좋다. 간이과세자라면 일반 과세자로의 변경도 검토해볼 만하다. 매입세액 공제 때문이다. 초기 설비 투자가 많이 필요한 경우 일반 과세자를 선택한다면 큰 금액을 환급받을 수 있다.

세금계산서를 받지 않게 되는 대표적인 사례가 있다. 시공업자가 세금계산서 미발급을 조건으로 가격할인을 제시하는 경우이다. 상대 시공업체는 현금을 받고 자신의 매출신고를 하지 않을 가능성이 크다.

이 방법은 구매자 입장에서 위험이 있다. 당장 부가세 10%를 적게내려다가 인테리어비 전체가 소득세의 비용처리가 되지 않을 가능성이 있다. 물론, 적격증빙이 없는 경우 증빙불비 가산세 2%를 부담하고 비용으로 인정받을 수도 있다. 그러나 계좌이체내역과 계약서 견적서 등으로 거래사실을 입증해야 한다. 이 경우 상대 공급업체의 매출누락이 밝혀질 수 있고, 구매자 입장에서도 적격증빙을 통한 거래를 하지 않았기 때문에 국세청의 불필요한 관심을 끌 수도 있는 깔끔하지 못한 방법이다.

세금계산서를 발급받으면 모든 것이 해결된다. 부가세측면에서 보면 10% 더 낸 금액도 어차피 매입세액공제로 돌려받는다. 소득세에서는 세금계산서를 받아야 부인당할 염려없이 안전하게 비용처리를 할 수 있다. 감가상각 자산으로 등록해 인테리어비를 매년 내용연수에 따라 나누어 비용처리를 하게된다. 단, 간이과세자의 경우에는 매입세액공제의 혜택이 없으니 현금 거래가 유리할 수도 있다.

(2) 부가세 조기환급으로 투자금 회수하기

가) 인테리어비와 부가세 조기환급

시공업체로부터 세금계산서를 받아야 할 또 하나의 이유가 〈부가세 조기 환급〉이다. 〈조기 환급〉은 창업 자금 중에서 시설투자와 관련한 자금에 대해서 주어지는 혜택이다.

일반적인 부가세의 환급은 확정신고 기한(1월,7월)으로부터 30일 이내에 이루어진다. 적격증빙을 잘 챙겨서 언젠가는 환급을 받겠지만, 상당히 오랜시간을 기다려야할 수도 있다. 이때 조기환급제도를 활용하면 매월 신고할 수 있어서 자금을 신속하게 회수하게 된다.

개인사업자의 정식 부가세 확정신고는 1년에 2번이며, 환급 기간이 30일 이내이다. 그러나 조기 환급의 경우 조기 환급 기간 종료일부터 25일 내에 신고하면 세무서의 검토 후 환급을 받을 수 있다.

나) 조기환급 대상

- 사업에 직접 사용되는 감가상각 자산 (인테리어 등)
- 매입세액이 공제되는 차량 (경차, 9인승 이상, 트럭)
- 영세율로 제품을 수출한 경우

다) 조기환급의 신고방법

부가세신고기한

과세기간		과세대상기간	과세대상기간	신고대상자
제1기 1.1~6.30	예정신고	1.1~3.31	4.1~4.25	법인
	확정신고	1.1~6.30	7.1~7.25	법인,개인,일반
제2기 7.1~12.31	예정신고	7.1~9.30	10.1~10.25	법인
	확정신고	7.1~12.31	다음해1.1~1.25	법인,개인,일반

일반적인 부가세의 신고기한은 위와 같다. 조기 환급은 매분기, 매분기의 첫 달, 매분기의 두 달을 과세기간으로 해서 신고를 할 수 있다.

예를 들어 7월분에 대해 신고 시에는 8월 25일까지가 신고기한이다. 7~8월분에 대해 신고한다면 9월 25일까지가 신고기한이다. 마찬가지로 7~9월분에 대해 10월 25일까지 매입과 매출내역을 집계해 신고할 수 있다. 그리고 신고기한으로부터 15일 이내에 빠르게 환급을 받을 수 있다. 홈택스에서 신고할 수 있다.

[3] 소득세 신고와 절세

□ 종합소득세 세액계산 흐름도 (출처: 국세청)

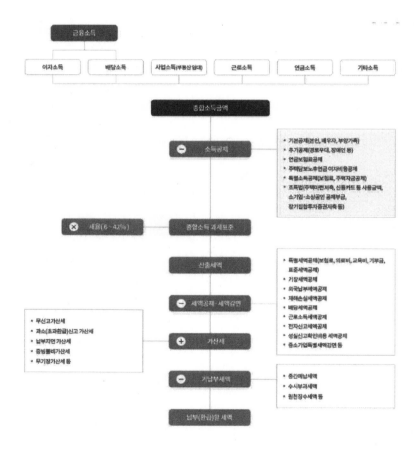

1. 사업 소득세 절세의 기초

(1) 절세는 기본기가 중요하다

〈종합소득세〉는 개인의 다른 소득들(이자, 배당, 사업, 근로, 연금, 기타)과 합산해 계산한다. 이중 가장 복잡한 것이 〈사업소득〉이다.

'연 매출이 얼마이면 세금은 얼마나 나올까?' 라는 질문. 이는 계산해 보기 전까지는 알기 어렵다. 소득세는 인별과세이고, 각자의 상황에 따라 천차만별이다.

부가세는 증빙을 잘 챙기고, 납부해야 할 세금, 매출세액 관리만 잘하면 큰 문제는 없다. 반면 사업 소득세는 거래의 유형과 지출 항목별로 알아두어야 할 소소한 지식들이 있다.

실무서를 무작정 펼치는 것보다 내 사업에서 주로 일어나는 거래에 대해서 하나씩 차근차근 익혀나가자. 우선은 거래 시 적격증빙만 잘 챙겨놓으면 부가세도 해결되고 소득세도 대부분 해결된다고 생각하면 좋을 듯하다.

(2) 사업소득세 절세의 큰 흐름

사업소득의 절세는 크게 세 부분으로 나누어 볼 수 있다. 첫째, 사업자등록 시 업종 코드 선택과 그에 따른 신고전략을 세우는 것이다. 경우에 따라서 수백만 원이 차이날 수도 있다. 내용은 앞 장에서 기술하였다.

두 번째는 제도를 활용한 절세이다. 나라에서 시행하는 다양한 제도들이 있다. 작게는 몇십만원에서 많게는 몇천만 원까지 세금을 줄일 수도 있다. 다음 챕터에서 대표적인 항목을 소개해 보겠다.

세 번째는 사업운영 중의 비용처리이다. 업무 시 '비용처리'란 말을 많이 듣게 된다. 세금 절세는 '빼기'가 관건이다. '더하기' 즉 매출을 건드릴 수는 없다. 매출 누락은 아예 하지 않는 편이 좋다. 지출한 자금에서 비용 인정을 최대한 많이 받는 것이 중요하다.

'비용처리'가 절세라고 하니 뻔한 소리 같다. 하지만 실무에서는 10만 원짜리 영수증 하나를 놓치면 세율에 따라 1만5천 원에서~4만 원 정도를 손해 본다. 이런 것들이 모이면 큰 금액이 된다.

(3) 절세는 장부에서 시작한다

이처럼 절세에는 '비용처리'가 중요하다. 반드시 필요한 것이 있는데 바로 '장부'이다. '비용처리'는 장부를 통해 인정받는다. 어느 정도 규모가 있는 회사의 직원이라면 회계부서가 따로 있을 것이다. 이 경우는 '비용처리가 되느냐 안 되냐'만 따지면 된다.

그러나 신규창업자라면 '비용처리가 되는가?"라는 질문 이전에 '장부에 어떻게 쓸 것인가'를 고려해야 한다. '비용처리'는 장부에 기록하는 것이 시작이고, 홈택스에 신고함으로 완성이 된다.

앞의 챕터에서 살펴보았듯이 사업 초에는 단순경비율을 최대한 활용해보고, 복식부기 넘어가기 전까지 경험삼아 '간편장부'를 써보는 것도 하나의 방법이었다.

단순경비율은 비용을 '일정 비율로 추정 계산을 한다'라는 것이니 장부에 대해서는 크게 신경 쓸 필요는 없다. 반면 장부기장(간편장부 포함)을 하는 경우에는 내가 지출한 비용들을 최대한 장부에 반영해 넣어야 한다.

2. 사업 소득세 비용처리

내 사업에 자주 등장하는 비용부터 익히는 것을 기본으로 하되 여기서는 대표적인 항목을 정리해 본다. 당연한 이야기이지만 아래의 비용들은 기장을 했을 때 비용처리가 된다. 추계신고 시에는 아무런 의미가 없다.

(1) 비용처리 공통원칙

<원칙1> 모든 비용은 사업과 관련한 비용이어야 한다.

비용으로 인정을 받으려면 모두 사업과 관련한 비용이어야 한다. 현실에서는 개인적인 가사에 관련된 비용까지 비용에 넣는 경우가 많다. 국세청은 규모가 작은 사업자들을 모두 잡아낼 수 없다. 아니 알고 있지만, 비용이 더 들기 때문에 잡아내지 않는다.

국세청이 아는 이유가 있다. 국세청은 동종업계의 데이터를 모두 갖고 있으며 이를 조사 업무에 활용한다. 세금 신고 시 비용이 매출에 비해 특이하게 많이 잡혀있거나, 동종업계에 비해 사업 결과물의 비율이 현저한 차이를 보일 때 국세청은 의심을 할 수 있다. 되도록 정석대로 처리하는 편이 낫다. 피치 못할 사정으로 융통성을 발휘하는 때도 있다. 이런 경우는 추후에 소명을 어떻게 할지에 대해서 근거를 남겨두자.

<원칙2> 일단 적격증빙을 받고 보자

모든 지출은 우선 적격증빙을 받는 것을 습관화하자. 적격증빙을 받기 어렵거나 해당 항목이 비용처리가 되는지 모호한 상황도 있다. 일단 적격증빙을 받아놓고, 업무관련 비용으로 넣을지는 나중에 검토해도 된다.

장부 신고가 추계신고보다 좋은 점은 식비, 통신비, 교통비 등 기타의 비용들도 업무와 관련성이 있다면 모두 비용처리를 할 수 있다는 것이다.

<원칙3> 일반적인 비용처리는 3만 원이 기준이다.

건당 거래금액 3만 원 이하	적격증빙이 없이 간이영수증으로도 비용처리 가능
건당 거래금액 3만 원 초과	적격증빙을 받아야 한다. (*중요) 간이영수증을 받는 경우는 2% 증빙불비가산세를 내고 비용으로 인정한다.

* 판매자가 간이과세자인 경우

상대가 간이과세자면 세금계산서가 발행이 안 되어서 간이영수증을 써준다는 경우가 있다. 이 말도 맞는 말이다. 그런데 간이영수증을 받으면 가산세가 붙는다.

→ 따라서 간이과세자에게 3만 원을 초과한 지출 시에는 현금영수증을 받거나 신용카드매출전표를 받아야 한다.

*증빙불비가산세는 어떻게 낼까?

3만 원 이상 거래인데 적격증빙을 받지 못했을 때는 뒤늦게라도 간이영수증을 준비해서 비용처리라도 해야 한다. 이경우 2%의 가산세를 내지만 이에 비해 종합소득 세율은 훨씬 더 크므로 비용처리를 하는 것이 훨씬 유리하다.

증빙불비가산세 거래는 발생 시 엑셀 장부 같은 곳에 메모를 해두면 나중에 산출하기 편하다.

〈증빙불비가산세〉 거래의 경우 종합소득세 신고 시 〈영수증수취명세서〉를 제출해야 한다. 〈영수증수취명세서〉를 제출하지 않는 경우 1%의 가산세를 추가로 낸다. 즉, 〈증빙불비가 산세〉〈영수증수취명세서 제출 불성실 가산세〉 총 3%의 가산세가 붙을 수 있다.

〈원칙4〉 지출명세서를 작성하자

"국세청에서 조사가 나왔을 때, 어떻게 해명을 할까?" 평소에 이런 자세로 업무처리를 하면 좋다.

앞서 〈원칙1〉에서 사업과 관련된 비용만 인정이 된다고 했다. 그런데 사업용인지 가사용인지 모호한 경우나 혹은 융통성을 발휘(?)해서 꼭 비용으로 인정받으려는 경우도 있을 것이다. 정 그렇다면 지출명세서라도 작성해서 소명에 대비하는 것이 나을 것이다.

접대비를 예로 들어본다. 접대비는 사적지출로 악용되기도 한다. 그래서 국세청에서 엄격하게 보는 항목이다. 접대비 지출 시 〈접대비 지출명세서〉 장부를 하나 만드는 것도 좋은 방법이다. 접대 일자, 접대자명, 상대방의 상호와 사업자 번호 성명, 접대 목적 등을 기록하고 신용카드명세서를 첨부해 보관한다.

〈원칙5〉 손실이 났다면 비용처리를 더 열심히 한다

적자가 나면 비용처리 할 내역을 최대한 신고할 필요가 있다. 결손금이 나면 다음 해 최대 10년까지 이월결손금이란 항목으로 세금을 깎아준다.

(2) 접대비는 기준을 알고 처리하기

접대비는 일반적인 비용처리와 다르다.

접대비는 우선 매입세액공제가 되지 않는다. (부가세의 내용이지만 혼동방지를 위해 여기서 함께 다룬다) 접대비는 특정인을 향한 교제비, 기밀비, 사례금 등을 포함하는 개념이다.

항목	기본원칙	예외		부가세 매입세액공제
		건당 거래액 3만원 이하	건당 거래액 3만원 초과	
일반비용	적격증빙으로 비용처리가능	간이영수증으로도 비용처리 가능	간이영수증(이체확인증)의 경우 2%가산세 +비용처리 가능	적격증빙 받으면 가능 (판매자가 간이과세자 이면 불가능)
접대비	적격증빙으로 비용처리가능	간이영수증으로도 비용처리 가능	간이영수증은 비용처리 전액 불가능	적격증빙 받아도 불가능

비용처리를 살펴보자. 기본적으로 일반적인 〈비용처리〉와 같다. 그런데 3만 원을 초과하는 거래의 경우는 조금 다르다.

3만 원을 초과하는 접대비는 전액 비용인정을 받지 못한다. 일반적인 비용 항목은 가산세만 내면 비용처리가 가능하지만, 접대비는 더 엄격한 기준이 적용된다. 또한, 법인은 반드시 법인카드를 사용해야 접대비로 인정받을 수 있다.

접대비는 연간 인정되는 한도가 있다.

접대비의 한도액 산정 공식 = (a) 기본한도액 + (b) 추가한도액

(a) 기본한도액
일반기업 1,200만 원 (중소기업의 경우는 3,600만 원) X 당해 사업연도의 월수/12
(b) 추가한도액
수입 금액(매출액) X 0.003
접대비의 한도액 구하는 공식은 약간 복잡한데, 매출액 100억을 넘지 않는다면 위의 공식으로 판단해도 된다. 기본 1200만 원 한도로 비용을 넣을 수 있고, 매출액의 3%만큼 추가로 한도가 주어진다. 이 한도 내에서 비용을 넣으면 된다.

중소기업에 해당하면 한도가 더 주어지는데 중소기업의 판단은 다음과 같다.

*중소기업의 기준

(a) 업종 : 소비성 서비스업)을 제외한 모든 업종

(b) 자산총액 : 5천억 원 미만

(c) 매출액 기준 : 〈중소기업 기본법〉상의 업종별 중소기업 매출액 이하 (아래의 [별표])

* 중소기업 구분기준 (국세청) 참고

국세청 〉 국세신고안내 〉 법인세신고안내 〉 법인세 〉 법인세공제감면 〉 세법상 중소기업이란?

https://www.nts.go.kr/nts/cm/cntnts/cntntsView.do?mi=6562&cntntsId=7988

제3조(중소기업의 범위) ① 「중소기업기본법」(이하 "법"이라 한다) 제2조제1항제1호에 따른 중소기업은 다음 각 호의 요건을 모두 갖춘 기업으로 한다. 〈개정 2014. 4. 14., 2015. 6. 30., 2016. 4. 5., 2016. 4. 26., 2017. 10. 17., 2021. 2. 17.〉

1. 다음 각 목의 요건을 모두 갖춘 기업일 것

　　가. 해당 기업이 영위하는 주된 업종과 해당 기업의 평균매출액 또는 연간매출액(이하 "평균매출액등"이라 한다)이 별표 1의 기준에 맞을 것

　　나. 자산총액이 5천억원 미만일 것

■ 중소기업기본법 시행령 [별표 1] <개정 2017. 10. 17.>

주된 업종별 평균매출액등의 중소기업 규모 기준(제3조제1항제1호가목 관련)

해당 기업의 주된 업종	분류기호	규모 기준
1. 의복, 의복액세서리 및 모피제품 제조업	C14	
2. 가죽, 가방 및 신발 제조업	C15	
3. 펄프, 종이 및 종이제품 제조업	C17	평균매출액등
4. 1차 금속 제조업	C24	1,500억원 이하
5. 전기장비 제조업	C28	
6. 가구 제조업	C32	
7. 농업, 임업 및 어업	A	
8. 광업	B	
9. 식료품 제조업	C10	
10. 담배 제조업	C12	
11. 섬유제품 제조업(의복 제조업은 제외한다)	C13	
12. 목재 및 나무제품 제조업(가구 제조업은 제외한다)	C16	
13. 코크스, 연탄 및 석유정제품 제조업	C19	
14. 화학물질 및 화학제품 제조업(의약품 제조업은 제외한다)	C20	평균매출액등
15. 고무제품 및 플라스틱제품 제조업	C22	1,000억원 이하
16. 금속가공제품 제조업(기계 및 가구 제조업은 제외한다)	C25	
17. 전자부품, 컴퓨터, 영상, 음향 및 통신장비 제조업	C26	
18. 그 밖의 기계 및 장비 제조업	C29	
19. 자동차 및 트레일러 제조업	C30	
20. 그 밖의 운송장비 제조업	C31	
21. 전기, 가스, 증기 및 공기조절 공급업	D	
22. 수도업	E36	
23. 건설업	F	
24. 도매 및 소매업	G	
25. 음료 제조업	C11	
26. 인쇄 및 기록매체 복제업	C18	
27. 의료용 물질 및 의약품 제조업	C21	
28. 비금속 광물제품 제조업	C23	
29. 의료, 정밀, 광학기기 및 시계 제조업	C27	평균매출액등
30. 그 밖의 제품 제조업	C33	800억원 이하
31. 수도, 하수 및 폐기물 처리, 원료재생업(수도업은 제외한다)	E (E36 제외)	
32. 운수 및 창고업	H	
33. 정보통신업	J	
34. 산업용 기계 및 장비 수리업	C34	
35. 전문, 과학 및 기술 서비스업	M	평균매출액등
36. 사업시설관리, 사업지원 및 임대 서비스업(임대업은 제외한다)	N (N76 제외)	600억원 이하

37. 보건업 및 사회복지 서비스업	Q	
38. 예술, 스포츠 및 여가 관련 서비스업	R	
39. 수리(修理) 및 기타 개인 서비스업	S	
40. 숙박 및 음식점업	I	
41. 금융 및 보험업	K	평균매출액등
42. 부동산업	L	400억원 이하
43. 임대업	N76	
44. 교육 서비스업	P	

비고

1. 해당 기업의 주된 업종의 분류 및 분류기호는 「통계법」 제22조에 따라 통계청장이 고시한 한국표준산업분류에 따른다.
2. 위 표 제19호 및 제20호에도 불구하고 자동차용 신품 의자 제조업(C30393), 철도 차량 부품 및 관련 장치를 제조업(C31202) 중 철도 차량용 의자 제조업, 항공기용 부품 제조업(C31322) 중 항공기용 의자 제조업의 규모 기준은 평균매출액등 1,500억원 이하로 한다.

분류기호에 대해 더 알아보고 싶다면 아래의 〈한국표준산업분류〉를 참고할 수 있다.

---

*한국표준산업분류

통계청통계분류포털 〉 경제분류 〉 한국표준산업분류 〉 분류내용보기(해설서)

https://kssc.kostat.go.kr:8443/ksscNew_web/kssc/common/ClassificationContent.do?gubun=1&strCategoryNameCode=001&categoryMenu=007&addGubun=no

(3) 외부 경조사비 : 청첩장을 사용하자

경조사비도 접대비의 일종이다. 즉, 위의 접대비 한도 안에서 경비로 인정받는다.

경조사비는 접대비와 기본 속성은 같아서 매입세액 공제도 안 된다. 다만, 그 한도액이 20만 원이다. 즉, 경조사비는 20만 원까지 청첩장으로 비용처리가 된다. 화환 및 조화대는 따로 계산서를 받으면 접대비로 인정된다.

결혼식장이나 상갓집에서 적격증빙을 발행해달라고 할 수는 없을 것이다. 그래서 청첩장만으로도 인정해준다. 부고장이 없는 경우 장례식의 부고문 사진 등도 인정이 된다.

주의할 점은 한 명당 20만 원이 아니라 한 회사당 20만 원이다. 그리고 만약 20만 원을 넘겨서 비용처리를 하면 전액 부인당한다. 예를 들어 30만 원을 비용처리를 한 경우 20만 원이 넘는 20만 원만 인정을 못 받는 것이 아니라 30만 원 전액 인정을 받지 못한다.

항목	기본원칙	예외 : 청첩장 등 증명서류	
		건당 20만원 이하	건당 20만원 초과
외부 경조사비	적격증빙으로 비용처리가능 (원칙이지만 일반적으로 없다)	청첩장 부고장 등으로 20만원까지 비용처리	비용처리 전액 불가능

간단히 말해 경조사비는 간단하게 비용처리가 간편한 대신 1건 (1 장) 당 20만원이라고 생각하면 된다.

이렇게 간편하니 주변의 청첩장을 모으는 사업자도 있다. 1년이면 몇백만 원의 큰 금액이 되고, 자신의 소득세율만큼 큰 비율로 절세를 할 수 있다. 너무 과도하면 문제의 소지도 있으니 거래처의 청첩장과 같이 업무에 관련한 비용을 처리하여야 한다.

(4) 식비와 회식비

식비의 경우 두 가지의 경우가 있다. 대표자 본인의 식대는 사업과 무관으로 보아서 매입세액을 불공제한다. 그러나 직원의 식대는 복리후생으로 보아 매입세액 공제가 가능하다.

대표자가 식사하고 직원의 식대로 올릴 수는 없을까?

다음의 표와 같이 개인사업자 대표이사의 식비는 매입세액공제와 경비처리가 불가능하다. 실무 상 직원이 있는 경우에는 대표이사의 식비도 직원의 식대와 함께 넣어서 비용처리를 하는 경우도 많다. 사실 직원들과 함께 식사했다면 넘어갈 수도 있겠다. 이 부분은 알아서 융통성 있게 처리하고 금액의 수준이 걱정된다면 담당 세무사와 상의해서 처리해도 되겠다.

한편, 직원이 없는 개인사업자의 식비는 위와 동일한 논리로, 부가세 매입세액공제와 경비처리 역시 불가능하다. 이를 어기고 부가세나 소득세를 잘못 신고하는 경우도 있다. 추징의 우려가 있다.

자신 없는 부분이 있다면 항상 소명을 생각하자. 위의 비용처리 공통〈원칙4〉에서 보았듯이 지출명세서와 같은 증거를 작성해두자.

항목	부가세 매입세액공제	소득세 비용처리	비 고
직원 식비	복리후생비로 매입세액 공제	경비인정 가능	비과세식대10만원 적용받는 직원의 경우 비용처리 안함
개인 대표이사 식비	매입세액 불공제	경비인정 불가능	-
법인 대표이사 식비	(원칙) 매입세액 공제 (실무) 1인법인은 상황별상이	(원칙) 경비인정 가능 (실무) 1인 법인은 상황별상이	건별 금액이 크면 접대비로 처리하는 편이 나음

법인의 대표이사가 법인카드로 매 끼니를 해결하는 경우도 있다. 식당의 위치가 중요하다. 웬만하면 회사 근처에서 식사하는 편이 낫다. 국세청은 비용이 지출된 지역과 시간 그리고 통계를 사용해서 위법성을 따져본다. 업무가 끝난 저녁 혹은 휴일, 집 근처의 식당에서 식사한 내역이 많을 때 업무 관련성을 소명해야 할 수도 있다.

(5) 인건비 신고

사업자의 인건비는 신고를 해야 경비 인정이 된다. 간혹 영세한 회사가 인건비 신고를 안하거나 미루는 경우가 있다. 급여는 항상 통장으로 지급하여 기록을 남겨야 한다. 참고로 프리랜서도 인건비 신고를 할 수 있다.

(6) 고정자산 등록 후 감가상각비 처리

보유하고 있는 비품과 차량, 건물, 기계장비, 가구, 집기, 냉난방기 등을 고정자산 항목으로 등재한다. 그 후 법에서 정한 내용연수 동안 비용인정을 받는다.

사업 초에는 인테리어 비용이 몇천만 원씩 발생하기도 한다. 이경우 해당 연도가 아닌 몇 년간 나누어 감가상각을 통한 비용처리를 하면 된다.

인테리어 공사는 매입세금계산서를 받는 편이 낫다. 매입세액 공제가 가능하고 사업용 고정자산으로 등록해서 감가상각비 처리를 할수 있다. 그리고 추후에 사업장을 누군가에게 넘길 때에도 권리금을 산정하는 증거서류가 될 수 있다.

외부감사를 받는 법인은 감가상각을 매년 해야 하지만, 이 외에는 감가상각비를 비용처리 하는 것을 임의로 선택할 수 있다.

(7) 4대 보험료

4대 보험료도 비용처리가 가능하다. 법인사업자는 회사부담금을 경비로 인정받는다. 개인사업자도 사업주가 직원분을 함께 부담한 부분은 무조건 비용으로 처리된다고 생각하면 쉽다. 사업주 본인분은 조금 다르다. 국민연금의 사업주 본인 분은 〈연금보험료〉에 속해 소득공제 항목에 포함되므로 비용처리가 되지 않는다. 반면, 건강보험료는 사업주분도 전액 비용으로 처리된다.

사대보험료의 비용처리

구분	고용/산재보험	국민연금	건강보험
사업주본인	x	x (소득공제)	o
사업주부담분	o	o	o

(8) 사업 관련 대출금 이자

사업에 관련한 대출금의 이자는 비용처리 할 수 있다. 대출원금은 부채이다. 사업운영자금용도이어야 한다. 만일 사업자금을 대출받아서 주택을 구매한다든지 다른 용도로 사용할 경우 추징을 당할 수도 있다.

증빙 : 부채증명원, 이자상환내역증명원

(9) 기타

- 월세 세금계산서
- 사업과 관련한 보험료 (자동차, 화재보험, 상해보험 등)
- 각종 공과금
- 기타 3만 원 이하 간이영수증

3. 셀프로 종합소득세 신고를 하는 방법

(1) 소득세 신고전략 정리 (복습)

챕터 2에서 보았듯이 소득세는 신고방법에 따라서 수백만 원이 왔다 갔다 할 수 있다. 간단히 복습을 해보겠다.

가) 사업 첫해에는 적자가 나지 않았다면 추계신고방법 중 하나인 〈단순경비율〉로 신고를 한다. 그리고 다음 해로 넘어가더라도 단순경비율에 해당한다면 홈택스에서 직접 신고하는 편이 낫다.

나) 추계 시의 매출이 〈기준경비율〉 구간으로 넘어왔다면 〈간편장부〉를 쓴다.

매출액이 어느 정도 올라 추계신고 시 〈단순경비율〉이 아닌 〈기준경비율〉적용이 되는 상태이다. 이때는 차라리 장부를 쓰는 편이 나은 때가 많다.

이 구간에서 세무사에게 기장의뢰를 해도 좋은데 연 최소 170만 원에서 200만 원 이상의 금액이 발생한다. 이를 고려해서 판단한다. 여유가 있고 아직 매출이 크지 않다면 공부삼아 〈간편장부〉를 셀프 신고하는 것도 하나의 방법이다. 어디까지나 사업 초의 방법이다. 종합소득세 신고는 복잡하기 때문에 사업이 바빠지면 세무사에게 의뢰하는 편이 낫다.

〈간편장부〉도 어렵다면 평소에는 내가 증빙만 잘 관리하다가 5월 종합소득세 신고 시에 〈신고대행〉만 맡기는 방법도 있다.

〈신고대행〉 의뢰 시 아래의 경우 중 세무사 비용을 포함해서 유리한 것으로 검토를 해달라고 한다.

a) 기준경비율 추계신고
b) 간편장부신고
c) 복식부기신고 (+기장 세액공제 절감효과)

다) 수입금액 즉 매출이 〈복식부기〉 기준을 향할 때 세무사를 찾아 의뢰한다.

(2) 셀프신고는 어떻게 할까?

이제 구체적인 신고방법에 관해서 이야기해 보겠다. 위에서 다)는 고민을 할 필요가 없다. 돈이 들긴 하지만 세무사에게 맡기면 기장과 신고까지 다 처리된다.

가)와 나) 구간에서는 셀프로 신고를 해 볼 수 있다. 사업의 초기라면 기장료도 아끼고 세금과 내 사업을 더 잘 알 수 있다. 셀프 신고하는 방법은 국세청에서도 자세하게 설명을 하고 있다. 국세청의 동영상 신고법을 참고하면 혼자서도 할 수 있다. 단, 어려운 부분이 있기는 하다.

가) 〈단순경비율〉 신고는 준비할 것이 별로 없다. 5월 종합소득세 신고 시 국세청의 신고영상을 참고할 수 있다.

나) 〈간편장부〉도 마찬가지로 영상을 보고 신고할 수 있다. 다만, 간편장부는 평소에 장부기록을 그때그때 하는 편이 좋다. 몰아서 쓰면 거래를 누락하기 쉽다. 신고목적 뿐만 아니라 내 사업의 실태는 파악한다는 의미도 있다.

(3) 간편장부의 원리

간편장부는 기록법이 간편한 만큼 거래 내용이 단순할 때 유용하다. 고정자산 또한 내용연수로 감가상각 계산한 후 매년 비용으로 반영할 수 있다. 간편장부는 규모가 작은 사업자를 위한 제도이다. '완벽하게 하겠다'라기 보다는 '최선을 다하겠다'라는 태도로 접근하는 편이 낫다.

국세청에서는 간편장부 양식을 제공하고 있으며, 시중에는 저렴한 유료 간편장부 프로그램들도 있다. 국세청 사이트에서 자동화 엑셀 양식도 다운로드 받을 수 있다. 매일 기록을 하면 신고서 양식까지 자동으로 출력된다. 그럼에도 이 파일은 사람에 따라 조금 불편할 수도 있다. 매크로가 걸려 있어 거래 입력창에 다른 메모를 할 수 없기 때문이다. 엑셀을 조금 다룰 수 있다면 응용을 해서 더 잘 활용할 수 있다.

*국세청의 간편 장부 안내링크
국세청 〉 국세신고안내 〉 개인신고안내 〉 종합소득세 〉
장부기장의무 안내 〉 간편장부 안내
https://www.nts.go.kr/nts/cm/cntnts/cntntsView.do?mi=2231
&cntntsId=7670

링크에서 이 파일을 다운받아 사용하면 된다.

- 거래가 발생한 날짜 순서대로 매출액 등 수입에 관한 사항, 매입액 등 비용 지출에 관한 사항, 사업용 유형자산 및 무형자산의 증감에 관한 사항을 기록하면 됩니다.
- 간편장부 작성요령 세부사항 및 작성 예시 : 하단 참조

간편장부 작성 프로그램(version 2_91) 🔍	간편장부 프로그램 설명서 🔍
📄 간편장부작성프로그램(version 2_91).xls [2.67MB] ↓	📄 간편장부프로그램설명서.hwp [2.01MB] ↓

- 사용하시기 전 우측의 설명서를 참고하시기 바라며, 설명서에서 안내하고 있는 pc환경설정 외에 개인컴퓨터 설정환경에 따라 정상 실행되지 않는 경우에는 본 프로그램 자체의 오류가 아니므로 개별적인 상담 및 안내가 어려운 점 양해 바랍니다.
- 본 프로그램 오류에 대한 문의는 국세청 소득세과(044-204-3264), 세법상담은 국세청상담센터(국번없이 126 → 2 → 4번(종합소득세))로 문의 바랍니다.

가) 매일 : 거래를 기록하기

간편장부는 간단하다. 아래와 같이 거래를 단순하게 기록하면 된다.

❑ 간편장부 양식 (예시)

①일자	②거래내용	③거래처	④수입		⑤비용		⑥고정자산증감		⑦비고
			금액	부가세	금액	부가세	금액	부가세	
1. 5	○○ 판매 (외상)	A상사	10,000,000	1,000,000					세계
1. 9	△△ 판매 (현금)	B제지	5,000,000	500,000					세계
1.15	○○구입 (외상)	F상사			5,000,000	500,000			세계
1.17	▽▽구입 (현금)	D상사			2,000,000				영
1.20	거래처접대 (현금)	E식당			200,000				영

나) 신고 시 준비할 서류 2가지

〈총수입금액 및 필요경비 명세서〉〈간편장부소득 금액계산서〉 두 가
지를 준비한다. 매일 기록을 잘 하고 국세청의 자동화 엑셀에서
〈신고서식출력〉 버튼을 누르면 두 서식이 자동으로 만들어 진다.

굳이 이 두 서류를 출력하지 않아도 된다. 엑셀에서 총수입금액(매
출)과 필요경비(비용)만 합산해서 바로 홈택스 사이트에 입력해도
된다. 이 두 서류에 있는 내용을 그대로 홈택스 사이트에 입력하는
것이다.

간편장부신고는 마치 부가세 신고와 비슷하다. 아래의 명세서와 증
빙만 있으면 된다. 증빙은 보관만 하는 것이지 제출하는 것이 아니
다.

〈총수입금액 및 필요경비명세서〉

우리가 열심히 기록한 장부를 합산한 데이터다.

┌─────────────────────────────────────┐
│ **총수입금액 및 필요경비 명세서 작성사례** │
└─────────────────────────────────────┘

총수입금액 및 필요경비명세서 (20△△년 귀속)

①주소지		서울 중랑 상봉 ○		②전화번호	02 - 123 - 4567			
③성 명		김 한 국	④ 주민등록번호	5 0 1 0 0 3 - 1 2 3 4 5 6 7				
사업장	⑤ 소 재 지	중랑 상봉 ○						
	⑥ 업 종	서비스/가사센터						
	⑦ 주업종코드	922202						
	⑧ 사업자등록번호	204-12-6****						
	⑨ 소 득 종 류	(30, ④0, 90)		(30, 40, 90)		(30, 40, 90)		(30, 40, 90)
장부상 수입금액	⑩ 매 출 액	5,157,727						
	⑪ 기 타							
	⑫수입금액합계(⑩+⑪)	5,157,727						
필 요 경 비	매출원가	⑬기초재고액						
		⑭당기상품매입액 또는 제조비용(㉓)	700,000					
		⑮기말재고액						
		⑯매출원가(⑬+⑭-⑮)	700,000					
	제조비용	재료비 ⑰기초재고액						
		재료비 ⑱당기매입액						
		재료비 ⑲기말재고액						
		재료비 ⑳당기재료비(⑰+⑱-⑲)						
		㉑노 무 비						
		㉒경 비						
		㉓당기제조비용(⑳+㉑+㉒)						
	일반관리비등	㉔급 료	1,500,000					
		㉕제세공과금	350,000					
		㉖임 차 료	500,000					
		㉗지급이자						
		㉘접 대 비	100,000					
		㉙기 부 금						
		㉚기 타	496,363					
		㉛일반관리비등계(㉔+㉕+㉖+㉗+㉘+㉙+㉚)	2,946,363					
	㉜ 필요경비 합계 (⑯+㉛)		3,646,363					

〈간편장부 소득금액계산서〉

〈총수입금액 및 필요경비명세서〉의 금액이 〈간편장부 소득금액계산서〉로 들어간다. 〈세무조정〉항목이 있는데 어려운 내용이다. 수익비용을 세법의 기준으로 재조정하는 것이다. 잘 하려면 세무대리인을 찾거나 최소한 회계프로그램이라도 사용해야 한다. 간편장부의 취지에 맞는 작은 사업자라면 조금 틀려도 된다고 생각하고 넘어가자.

간편장부 소득금액계산서 작성사례

간 편 장 부 소 득 금 액 계 산 서 (20△ △년 귀속)

①주소지	서울 중랑 상봉 ○		②전화번호	02 - 123-4567								
②성 명	김한국	④주민등록번호	5	0	1	0	0	3	-	1	2	3	4	5	6	7

사업장	⑤ 소 재 지	중랑 상봉 ○			
	⑥ 업 종	서비스/커센타			
	⑦ 주 업 종 코 드	922202			
	⑧ 사업자등록번호	204-12-6****			
	⑨ 소 득 종 류	(30, ④, 90)	(30, 40, 90)	(30, 40, 90)	(30, 40, 90)
총수입금액	⑩장부상 수입금액 (부표 ⑬의 금액)	5,157,727			
	⑪수입금액에서 제외할 금액				
	⑫수입금액에 가산할 금액	18,700			
	⑬세무조정후 수입금액 (⑩-⑪+⑫)	5,176,427			
필요경비	⑭장부상 필요경비 (부표②의 금액)	3,646,363			
	⑮필요경비에서 제외할 금액	150,000			
	⑯필요경비에 가산할 금액				
	⑰세무조정후 필요경비 (⑭-⑮+⑯)	3,496,363			
⑱차 가 감 소 득 금 액 (⑬ - ⑰)		1,680,064			
⑲기 부 금 한 도 초 과 액					
⑳기부금이월액중 필요경비산입액					
㉑당 해 연 도 소 득 금 액 (⑱+⑲-⑳)		1,680,064			

소득세법 제70조제4항제3호 단서 및 동법시행령 제182조의 규정에 의하여 간편장부소득금액계산서를 제출합니다.

20△△년 5월 31일

제 출 인 김 한 국 (서명 또는 인)
세무대리인 (서명 또는 인)
(관리번호 -)

동대문세무서장 귀하

※구비서류 : 별지 제82호서식 부표「총수입금액 및 필요경비명세서」1부

위의 신고서 두 장은 〈종이신고서〉 양식이다. 서식 안에 어떤 항목이 들어있는지 봐두는 것이 좋다. 홈택스에 입력 시 같은 내용이 들어간다.

홈택스에서 종합소득세 신고를 할 때는 위의 〈사업소득세〉에 더하여 종합소득세를 구성하는 다른 세금들 〈이자, 배당,사업, 근로,연금,기타〉을 모두 입력한다. 다른 소득이 있다면 복잡할 수 있다.

다) 간편장부에서의 감가상각

간편장부는 가계부 형식이다. 그래서 수익과 비용만 기록할 수 있다. (반면, 복식 장부는 자산, 부채, 자본, 수익, 비용 모두를 기록할 수 있다.)

간편장부는 복식부기 장부와 같이 고정자산 계정을 잡아 매년 일정 금액을 감가상각(비용)처리하는 형태로 비용처리를 하지 않는다. 더욱 간편하게 처리할 수 있는데 매년 감가상각비를 신고서에 직접 입력한다.

위의 〈간편장부소득 금액계산서〉의 〈필요경비에 가산할 금액〉에 넣으면 된다. 이제 감가상각비를 어떻게 계산할지 생각하면 된다.

개인사업자는 고정자산, 예를 들어 사업 용도의 차량이라면 감가상각할 때 정액법과 정률법을 선택할 수 있다. 간단하게 정액법으로 하면 기준연수 5년을 잡고, 차량을 취득한 가격에서 5를 나누어서 해당연도의 비용으로 잡으면 된다. 정률법은 첫해에 비용 금액이 크기 때문에 더 선호되기도 한다.

(4) 시중의 유료프로그램도 있다.

국세청의 엑셀 간편장부도 어렵다면 시중의 유료 간편장부 프로그램을 사용하는 방법도 있다. 국세청의 엑셀보다 기능이 추가되어 있고 무엇보다도 문의해볼 수 있다는 점이 장점이다. 세무대리인 의뢰 시의 비용보다 저렴하다.

이지키핑, 이지샵, 이지데이, 예셈, 나이스데이터 등과 같은 간편장부 프로그램 회사들이 있다. 이런 회사 중에서도 세무사와 연계해서 신고를 문의받거나 도와주는 곳들도 있다. 월 3만 원 내외로 저렴해서 기장을 맡기기 부담스러울 때, 사용해 볼 수 있다.

또한, 머니핀이라는 휴대폰 어플이 있다. 장부 기장을 전혀 하지 않고 세금 신고를 할 수 있는 앱이다. 통장과 자신의 사업자 정보를 등록하고 나서 클릭 몇 번이면 간편하게 신고가 된다. 사용이 편한 대신 도소매나 서비스업에서만 주로 유효하다.

제조업과 같은 분야는 사용할 수 없고, 신경을 못 써서 매출 매입이 누락될 가능성도 있다. 주로 거래내용이 복잡하지 않은 사업자들만 이용할 수 있다. 이용료는 연 15만 원 내외이다.

(5) 정리

〈간편장부〉는 규모가 작은 사업자를 위해서 국세청이 만들어 놓은 제도이다. 간편장부도 장부로 인정된다. 따라서 사업을 위해 지출한 내역을 비용처리 할 수 있다. 손실이 났다면 이월결손금 공제도 활용할 수 있다.

속 편하게 세무사를 찾아서 기장을 맡기면 되지만, 월 기장료와 신고비 등을 합치면 연 최소 170만 원에서 매출액에 따라 200만 원을 훌쩍 넘기기도 한다. 매출이 부진한 사업초기에는 이런 금액도 무시할 수 없다.

주먹구구식으로 회사 운영을 할 것이 아니라면 거래 내역을 어딘가에는 기록할 것이다. 간편 장부에 기록되는 내용은 그야말로 최소한의 정보이다. 국세청의 엑셀 간편장부는 약간의 엑셀 실력이 있으면 더 잘 활용할 수 있다. 주간, 월 단위로 매출과 판매내역을 집계해 보면 좋다. 약간의 금액을 투자해 간편장부를 쓰는 유료프로그램을 사용해 보는 것도 좋은 방법이다.

매일의 거래를 성실하게 기록하면, 신고 시기가 다가와도 무리없이 홈택스에 접속해 신고를 할 수 있다. 자신의 납세 유형별로 홈택스의 '신고하기 영상'을 참고할 수 있다.

매출, 인건비, 임차료, 시설비 등과 같은 주요 금액을 잘 챙기자. 모르는 것이 있으면 국세청에 물어보면 된다. 셀프신고가 어려울 때 최후의 수단도 있다. 세무대리인에게 신고대리만 맡기는 것이다. 대신 평소 증빙을 잘 챙겨두는 것이 중요하다.

[4] 사업자 차량에 대한 지식

초보 창업자는 허리띠를 졸라매는 경우가 많은 것 같다. 열심히 일하고, 또 공부해야 할 것들도 많다. 많이 알아야 실수를 줄일 수 있다. 또 언젠가는 알아야 하기 때문에 미리미리 공부하는 분야도 있다. 차량도 그중 하나이다. "어떤 차를 사야 할지?" 가볍지 않은 주제이다.

개인 자격으로 차를 사는 것과 사업자로 차를 사는 것은 다르다. 개인이 차를 산다는 것은 소비적 지출이다. 자산을 모으려는 사람들은 한 번 더 생각해 보아야 한다. 사는 순간 중고차가 되며, 그 가치는 급격하게 떨어진다.

사업자가 사업목적으로 차를 사는 것은 자본적 지출에 가깝다. 물론 차 자체의 가치가 늘어나지는 않는다. 그러나 사업의 부가가치에 기여를 하고, 사용하면 할수록 해마다 비용처리가 되어 내가 낼 세금이 줄어든다. 속된 말로 차값이 그대로 뽑힌다.

여기서는 회사 명의로 차량의 구매 시 절세 항목을 정리해 본다. 참고로 내용 중 부가세 절세 부분은 간이과세자는 큰 효과가 없을 것 같다.

1. 차종 구분하기 (매입세액 공제 차량 찾기)

먼저 차종을 구분해 보자. 회사에서 차를 논할 때는 '개별소비세'가 기준이다. 개별소비세가 부과되는 차량과 그렇지 않은 차량으로 나누어 본다.

정부에서 차량을 일종의 사치품이라 간주해서 매기는 세금이 '개별소비세'이다. "차가 왜 사치품이냐?" 지금은 이런 말이 나올 법한 시대이긴 하다. 하여간 우리는 차량 절세를 생각할 때, 개별소비세의 의미을 이해의 수단으로 활용할 수 있다.

우선 〈경차, 9인승 이상, 트럭〉은 개별소비세가 없는 차, 그리고 나머지는 개별소비세가 있는 '조금은 사치스러운 차'라고 생각하면 쉽다. 사치스러우니 혜택이 없는 것이다.

구분	종류	매입세액 공제
개별소비세 부과 O	일반적인 소중대형 차량	공제 불가능
개별소비세 부과 X	경차, 9인승 이상, 트럭(화물)	공제 가능

〈경차, 9인승 이상, 트럭〉 빼고는 웬만한 차는 모두 개별소비세가 적용된다고 볼 수 있다.

(1) 경차, 9인승 이상, 트럭
"실용적이네. 사치품이 아니야…. 트럭 타고 파티에 가지는 않지."

(2) "사치품이 아닌 차, 일하기도 힘든데 개별소비세 부과하지 말자."

(3) "고생이 많아. 부가세 혜택도 줄게. 매입세액도 공제해줄게."

이처럼 차종을 구분한 중요한 이유가 부가세 때문이다. 경차, 9인승 이상 승합차, 그리고 트럭은 부가세 〈매입세액 공제〉가 적용된다. 즉 내가 차를 살 때 낸 부가세를 환급받을 수 있다. 또한, 차량을 유지하기 위한 기름값, 수리비의 매입세액도 공제할 수 있다. 엄청난 혜택이다. 여기에 소득세 비용처리까지 하면서 몇 년 타면 차값이 상당 부분 회복되는 것이다.

반면, 일반적인 차량은 부가세 매입세액을 공제받을 수 없다. 다만, 증빙을 잘 챙겨두면 소득세 신고 시 비용으로는 인정받을 수 있다.

부가세 효과를 대충 살펴보자. 회사에서 4천만 원짜리 9인용 승용차를 구매한다고 가정하자.

항목	부가세 공제금액	비고
차량 부가세	4,000,000 원	4천만 원의 10%
기름값 부가세	2,400,000 원	400,000원x5년x0.1= 2,400,000 (한달 40만원 가정)
유지비 부가세	600,000 원	100,000원x5년x0.1= 600,000 (한달 10만원 가정)
부가세 공제 합계	7,000,000 원	

5년을 탄다고 가정하자. 다른 4천만 원짜리 차와 비교해 보면 일단 부가세에서 최소한 7백만 원은 벌고 시작하게 된다. (개별소비세, 교육세, 취·등록세를 고려하면 더 절약된다)

경차나 트럭을 사면 차량 가격 그대로 비용으로 처리할 수 있다. 운행 일지를 안 써도 제한 없이 전액 비용처리를 할 수 있다. 결론적으로 절세 효과를 극대화하려면 될 수 있는 대로 이런 차량을 구매해야 한다.

반대로 〈개별소비세가 부과되는 일반적인 차량〉들은 부가세 매입세액 공제가 되지 않는다. 이 차량에 대해서는 부가세는 포기하고 소득세에서의 절세 요건을 아래에서 알아본다.

2. 업무용 승용차
(혼동 금지! 여기서부터는 소득세 이야기!)

〈업무용 승용차〉의 개념이 등장한다. "업무에 사용하면 업무용 승용차겠지" 하고 대충 생각하면 나중에 혼란스럽다. 정의를 명확히 하는 것이 중요하다.

〈업무용 승용차는〉은 '개별소비세가 부과되는 일반적인 차량'을 법인이나 복식부기 의무자인 개인사업자가 소유했을 때 〈업무용 승용차〉라고 명명하는 것이다. (소득세법 33조의 2, 법인세법 27조의 2)

---

*영업용 승용차

업무용 승용차와 유사한 용어로 〈영업용 승용차〉도 있다. 〈영업용 승용차〉 또한 화물차, 승합차, 경차와 마찬가지로 부가세 공제 및 환급과 소득세 경비처리의 혜택이 있다.

그런데 이런 차들은 택시와 같은 운수업, 자동차 판매업, 자동차임대업, 자동차학원 운전연습차량 등이다. 일반적인 사업용이 아닌 자동차를 업으로 하는 사업자를 위한 혜택이다.

〈업무용 승용차〉는 법에서 규제를 하려고 나온 개념이다. 과거에는 고급 수입차를 너도나도 회사 차로 등록해서 자기 사업의 비용처리를 하는 꼼수가 많았다. 그래서 〈업무용 승용차〉로 지정을 할 테니 "너네들은 한도 내에서만 비용으로 처리해줄게" 이런 이야기이다.

소득세법

[시행 2022. 7. 1.] [법률 제18578호, 2021. 12. 8., 일부개정]

□ 제33조의2(업무용승용차 관련 비용 등의 필요경비 불산입 특례) ① 제160조제3항에 따른 복식부기의무자가 해당 과세기간에 업무에 사용한 「개별소비세법」 제1조제2항제3호에 해당하는 승용자동차(운수업, 자동차판매업 등에서 사업에 직접 사용하는 승용자동차로서 대통령령으로 정하는 것은 제외하며, 이하 이 조 및 제81조의14에서 "업무용승용차"라 한다)를 취득하거나 임차하여 해당 과세기간에 필요경비로 계산하거나 지출한 감가상각비, 임차료, 유류비 등 대통령령으로 정하는 비용(이하 이 조 및 제81조의14에서 "업무용승용차 관련 비용"이라 한다) 중 대통령령으로 정하는 업무용 사용금액(이하 이 조에서 "업무사용금액"이라 한다)에 해당하지 아니하는 금액은 해당 과세기간의 사업소득금액을 계산할 때 필요경비에 산입하지 아니한다. <개정 2021. 12. 8.>

② 제1항을 적용할 때 업무사용금액 중 다음 각 호의 구분에 해당하는 비용이 해당 과세기간에 각각 800만원(해당 과세기간이 1년 미만이거나 과세기간 중 일부 기간 동안 보유하거나 임차한 경우에는 800만원에 해당 보유기간 또는 임차기간 월수를 곱하고 이를 12로 나누어 산출한 금액을 말한다)을 초과하는 경우 그 초과하는 금액(이하 이 조에서 "감가상각비 한도초과액"이라 한다)은 해당 과세기간의 필요경비에 산입하지 아니하고 대통령령으로 정하는 방법에 따라 이월하여 필요경비에 산입한다. <개정 2017. 12. 19.>
1. 업무용승용차별 연간 감가상각비
2. 업무용승용차별 연간 임차료 중 대통령령으로 정하는 감가상각비 상당액

③ 제160조제3항에 따른 복식부기의무자가 업무용승용차를 처분하여 발생한 손실로서 업무용승용차별로 8백만원을 초과하는 금액은 대통령령으로 정하는 이월 등의 방법에 따라 필요경비에 산입한다.

④ 제1항부터 제3항까지에 따라 업무용승용차 관련 비용 등을 필요경비에 산입한 제160조제3항에 따른 복식부기의무자는 대통령령으로 정하는 바에 따라 업무용승용차 관련 비용 등에 관한 명세서를 납세지 관할세무서장에게 제출하여야 한다.

⑤ 업무사용금액의 계산방법, 감가상각비 한도초과액 이월방법과 그 밖에 필요한 사항은 대통령령으로 정한다.
[본조신설 2015. 12. 15.]

(1) 업무용 승용차의 대상자 : 법인사업자, 복식부기의무자

□ 복식부기의무자

업종	기준 수입 금액
농업, 임업 및 어업 광업, 도매 및 소매업, 부동산 매매업 등	3억 원
제조업, 숙박 및 음식점업, 건설업, 운수업, 정보통신업 등	1.5억
부동산 임대업, 부동산업, 전문 과학 기술 서비스업 등	7천5백만 원
의료업, 수의업, 약사업, 한약 사업, 변호사업, 심판변론인업, 변리사업, 법무사업, 공인회계사업,세무사업, 경영지도사업, 기술 지도 가업, 감정평가사업, 손해사정인업, 통관업, 기술사업, 건축사업, 도선사업, 측량 사업, 공인노무사업	전문직은 무조건 복식부기의무자

표를 살펴보자. 법인은 당연히 복식부기 의무자이다. 개인 중 복식부기 의무자가 되려면 매출이 어느 정도 나와야 한다. 저 매출이 나오지 않으면 〈간편장부 대상자〉이다.

개인사업자 중 〈간편장부 대상자〉는 안심을 해도 된다. 업무용 승용차의 규제 대상이 아니다. 따라서 연간 한도 없이 경비처리가 가능하다. 차량 감가상각도 800만 원의 한도가 없다. 임직원 전용보험의 가입의무도 없다. 개인사업자 중 〈복식부기 의무자〉가 비용처리의 한도를 정해 놓은 대상이다. 이제 구체적인 한도를 알아보자

(2) 업무용 승용차 비용처리

가) 차량 운행 기록부를 작성하지 않는 경우

차량 운행 기록부를 쓰지 않는다면, 업무용 승용차 관련 비용이 연 1천500만 원까지 비용처리 가능하다.

차량가액 감가상각	연 800만 원까지만 비용으로 인정해준다. 내용연수가 5년 정액법으로 감가상각을 한다. 800만 원 넘는 감가상각 금액은 이월된다.|
업무용승용차 관련 비용	업무용 승용차 관련 비용은 1년에 1,500만 원까지만 비용으로 인정해 준다. (차량 감가상각비+주유비+보험료+수리비+자동차세+통행료 등을 총 합친 금액)

개인적인 의견이지만 초보 창업자라면 차량 운행 기록부 쓰지 말자. 사업하기도 바쁘다. 차량 장부에 신경 쓸 겨를이 없다. 기록부 쓰지 말고 기본적으로 '업무용 승용차는 연 1,500만 원까지 비용으로 인정해준다'라고 간단하게 생각하자. 차량 가액 감가비 800만 원을 제외하면 700만 원 정도 한도가 남는데 1년에 기름값, 보험료, 수리비 등 합쳐도 보통 이 정도까지 비용이 나오지 않는다.

나) 차량운행기록부를 작성하는 경우

그렇다면 업무용 승용차 관련 비용이 연 1천500만 원 이상이면 어떻게 할까? 비싼 차를 사서 유지비가 많이 들거나 차량 운행을 많이 하는 경우도 있을 것이다. 해결책이 있다. 차량 기록부를 작성하면 관련 비용이 인정된다.

비용 중 차량 감가상각비의 경우 위의 가)와 동일하게 800만 원까지 인정이 되며, 초과되는 부분은 이월이 되어 공제된다. 따라서 비싼 차를 샀더라도 언젠가는 비용처리가 된다.

여기에 운행 기록부를 쓰면 기타의 차량관련비용을 모두 비용처리할 수 있다. 단, 업무에 사용된 비율만큼만 계산해서 비용으로 인정해 준다. 계산이 복잡해진다. 따라서 실무상 편하게 일처리를 하려면 업무용은 업무용으로만 쓰는 것이 낫다. (되도록이면 운행 기록부도 안 쓰는 상황을 추천) 전체 주행 킬로수 중에서 비업무용분은 비용 처리를 해주지 않는다. 추가로 법인의 경우에는 대표가 개인적으로 썼다고 간주해 대표자 상여로 처리한다.

기록부 안 쓰면 1,500만 원으로 비용처리 끝. 기록부 쓰면 차량감가비 800만 원 + 기타 차량유지비까지 합쳐서 1,500만 원 넘는 금액도 비용으로 인정된다.

(3) 개인사업자 중 성실신고확인대상자와 전문직 사업자의 경우

법인사업자는 임직원 전용보험에 가입하지 않으면 위의 비용처리는 인정되지 않는다. 그러나 법인의 경우 차를 사용하기 전 일단 임직원 전용보험에 가입하게 되므로 별로 챙길 것이 없다.

한편, 개인사업자 중 〈성실신고확인대상자〉와 〈전문직 사업자〉의 경우 〈임직원 전용보험〉에 가입 규정이 생겼다. 즉, 사업자별로 1대를 제외하고, 나머지 추가되는 업무용 승용차에 대해서 임직원 전용보험에 가입해야 하는 의무가 생겼다. 가입하지 않으면 해당 차량 관련 비용의 50%만 비용처리가 된다. 이 경우에도 1대를 제외하였으니 그 1대에 대한 비용은 100% 인정이 된다.

□ 업종별 성실신고확인대상 사업자 기준

업종	직전연도 수입금액
농업,임업 및 어업 광업, 도매 및 소매업, 부동산 매매업 등	15억 이상
제조업, 숙박 및 음식점업, 건설업, 운수업, 정보통신업 등	7억 5천만 원 이상
부동산 임대업,부동산업,전문 과학 기술 서비스업 등	5억 원 이상

> **참고 : 차량 관련 비용**
>
> 자동차세, 보험료, 유류대, 수리비, 자동차구입비 영수증을 잘 받는다. 차량유지비로 경비를 인정받는다.
>
> 직원 개인차량을 업무용으로 이용하고 실비를 지급하는 경우 유류대 등 업무용과 개인용이 명확히 구분되는 비용은 경비로 인정하나 자동차세, 보험료, 수리비 등 해당 지출이 업무용과 개인용으로 명확히 구분되지 않는 비용은 인정받지 못한다.

3. 정리

(1) 경차, 9인승 이상 승합차, 화물차를 구매하면 부가세 매입세액 공제의 혜택이 있다.

(2) 개인사업자 중 간편장부 대상자는 비용처리 한도 규정이 없다.

(3) 법인사업자, 개인사업자 중 복식부기 대상자는 〈업무용 승용차〉의 비용처리 한도 규정을 적용받는다.

(4) 업무용 승용차는 연 1,500만 원의 한도 규정이 있다. 차량 기록부를 쓰면 이 한도를 넘길 수 있다.

(5) 개인사업자 중 매출액이 어느 정도 있는 사업자는 2번째 차량부터 임직원 전용보험에 가입해야 비용처리가 가능하다.

참고 : 사업용 추천 차량 : 카니발 9인승

(1) 5년에 차량감가비 모두 비용처리되는 차량이다.
(2) 부가세 매입세액 공제가 되는 차량이다.

연 매출 1억 이상으로 세율 35% 가정, 5년 탄다고 대충 계산 시
(*상기 1번 계산표 참조)

부가세 공제	7,000,000원	
차량 감가비 절세	14,000,000원	(40,000,000 x 소득세율 35%,5년 동안)
유지비 절세	10,500,000원	(30,000,000 x 소득세율 35%, 5년 동안)
절세 합계	31,500,000원	

정확한 계산은 아니지만 대략 4천만 원짜리 차를 사고 5년 타면 차
량 금액이 80% 회복된다.

[5] 사업자 전환

1. 간이과세자 → 일반과세자

간이과세자에서 일반 과세자로 전환하는 일은 흔히 일어난다. 이 장에서의 절세의 핵심은 〈재고매입세액공제〉이다. 많은 사업자가 귀찮다는 이유로 넘어가는 부분이다. 아래의 내용을 검토하여 꼭 세금혜택을 받도록 하자.

(1) 과세유형의 변경

*과세유형의 변경기준 : 매년 7월1일 과세유형 변경

간이 → 일반	간이과세자가 전년도 공급대가의 합계액이 8천만원 이상 시, 일반과세자로 변경된다
일반 → 간이	일반과세자가 전년도 공급대가의 합계액이 8천만 원 미만 시, 간이과세자로 변경된다.

(2) 간이 → 일반

1기 (1/1~6/30) 부가가치세 신고를 해야 한다. 7/25까지 간이과세자 부가가치세 확정신고를 한다.

(3) 재고품 등 명세작성 (재고 매입세액 공제)

간이과세자에서 일반 과세자로 전환 시의 혜택이 있다. 간이과세자였을 때 구매한 자산을 일반 과세자의 매입세액으로 공제할 수 있다. 등록할 수 있는 자산을 등록하면 절세를 할 수 있다.

6월 30일 기준의 재고품과 감가상각 자산에 대해서 일반과세 시의 매입세액으로 변환하여 신고한다.

> **대상자산**

- 재고품: 상품, 제품(반제품, 재공품 포함), 재료, 부재료
- 건설 중인 자산
- 감가상각 자산 : 건물/구축물 (취득, 건설, 신축 후 10년 이내)
  기타감가상각자산 (취득, 제작 후 2년 이내)

개업 시 인테리어비와 책상, 컴퓨터 등 비품 구입 관련 세금계산서를 받거나 지출 증빙용 현금영수증 또는 신용카드매출전표를 받으면 매입세액 공제가 가능하다.

- 재고품
= 취득가액(부가세포함) x 10/110 x (1-0.5% x 110/10)

- 건물 또는 구축물 (취득)
=취득가액(부가세 포함) x (1-10/100 x 경과된과세기간수) x 10/110 x (1-부가가치율)

- 그 밖의 감가상각 자산 (취득)
=취득가액(부가세 포함) x (1-50/100 x 경과된과세기간수) x 10/110 x (1-0.5%x110/10)

제출기한

간이과세자로 마지막 부가세 신고 기간인 1월 1일부 터 6월 30일의 기간에 대한 부가가치세를 7월 25일 확정신고와 함께 제출하면 된다. 제출 후 1달 이내에 세무서에서 승인하고 통지를 해준다.

(4) 간이과세 포기의 경우

위의 경우는 전년도의 실적을 기준으로 자동으로 변하는 것이다. 그런데 사업자가 간이과세자를 포기하고 〈일반과세자〉로 신청을 하는 제도도 있다. 국세청 입장에서는 세금을 더 걷을 수 있으므로 거절할 이유가 없다.

그렇다면 사업자 입장에서는 왜 간이를 포기할까? 일반과세자가 보통 세금을 더 많이 낸다. 이유는 보통 해당 사업자가 매입세액 공제의 혜택이 필요하거나 주 고객층이 세금계산서 발행을 원하는 기업고객인 경우이다.

> **신청방법**

- 홈택스접속 → 신청/제출 → 일반 세무서류 신청 → 민원목록 조회에서 '간이과세 포기신고'로 검색 → 인터넷 신청
- 이번 달 말까지 〈간이과세 포기신고서〉를 신청하면 다음 달 1일부터 일반 과세자로 변경된다.
- 한번 일반 과세자로 전환되면 3년간 간이과세 적용이 불가능하다.

> **신청 후 할 일 : 부가세 신고**

- 간이 과세자 포기 신청 후 해당연도 1월 1일부 터 일반 과세자
로 변경되는 날의 전날까지 부가세 신고를 해야 한다.

간이과세 포기 시 재고매입세액 공제

- 세무서 직접 신청만 가능하다.
- 서식 다운로드
  홈텍스접속 → 신청/제출 → 일반 세무서류 신청 → 민원목록
  조회에서 '재고품 등'으로 검색 → 서식 다운로드

2. 성실신고확인대상자와 법인전환

★ 종합소득세 세율 (~2022)

과세표준	세율 누진공제
1,200만 원 이하	6% -
1,200만 원 초과~4,600만 원 이하	15% 108만원
4,600만 원 초과~8,800만 원 이하	24% 522만 원
8,800만 원 초과~1억5천만 원 이하	35% 1,490만 원
1억5천만 원 초과~3억 원 이하	38% 1,940만 원
3억 원 초과~5억 원 이하	40% 2,540만 원
5억 원 초과~10억 원 이하	42% 3,540만 원
10억 원 초과	45% 6,540만 원

★ 개정 종합소득세 세율 (2023~)

과세표준	세율 누진공제
1,400만 원 이하	6% -
1,400만 원 초과~5,000만 원 이하	15% 126만원
5,000만 원 초과~8,800만 원 이하	24% 576만 원
8,800만 원 초과~1억5천만 원 이하	35% 1,544만 원
1억5천만 원 초과~3억 원 이하	38% 1,994만 원
3억 원 초과~5억 원 이하	40% 2,594만 원
5억 원 초과~10억 원 이하	42% 3,594만 원
10억 원 초과	45% 6,594만 원

★ 법인세율 (~2022)		★ 개정 법인세율 (2023~)	
과세표준	세율	과세표준	세율
2억 원 이하	10%	2억 원 이하	9%
2억~200억 원	20%	2억~200억 원	19%
200억~3,000억 원	22%	200억~3,000억 원	21%
3,000억 원 초과	25%	3,000억 원 초과	24%

종합소득과세표준이 8800만 원 이상부터 세율 구간이 35%로 크게 올라간다. 그래서 이 시점에 법인전환을 고려한다. 아직 매출이 그 정도로 성장하지 않았더라도 자금확보, 사회적 신용도를 이유로 법인전환을 검토해 볼 수 있다.

대체로 법인전환의 목적은 절세와 사업자금 마련이다. 그러나 법인은 이익을 대표 개인이 마음대로 가져올 수 없다. 급여, 퇴직, 배당을 많이 하면 소득세가 많이 나오는 문제도 있다.

법인에 대해서는 앞서 나왔던 챕터1의 〈법인사업자를 하는 이유〉를 참고하고, 이번 장에서는 성실신고확인대상자에 대해서 알아본다.

(1) 성실신고 확인대상자란

〈성실신고 확인자〉는 일정 개인사업자가 일정 매출액을 넘기는 경우 특별히 관리하는 제도이다.

일반적으로 개인사업자는 공신력이 조금 떨어진다고 여겨진다. 따라서 국세청은 매출액이 큰 개인사업자들에게서 세금 누수를 방지하고자 〈성실신고확인제〉라는 제도를 만들었다. 〈성실신고확인자〉는 종합소득세 신고 시에 세무사에게 확인을 받아서 신고하게 되어있다.

해당 과세기간의 수입 금액이 아래 기준 수입 금액 이상이면 성실신고 확인대상자이다.

	업종별	기준금액
1	농업·임업 및 어업, 광업, 도매 및 소매업(상품중개업을 제외한다), 부동산매매업, 그 밖에 제2호 및 제3호에 해당하지 아니하는 사업	해당년도 수입금액 15억원 이상
2	제조업, 숙박 및 음식점업, 전기·가스·증기 및 공기조절 공급업, 수도·하수·폐기물처리·원료재생업, 건설업(비주거용 건물 건설업은 제외), 부동산 개발 및 공급업(주거용 건물 개발 및 공급업에 한함), 운수업 및 창고업, 정보통신업, 금융 및 보험업, 상품중개업	해당년도 수입금액 7.5억원 이상
3	가) 부동산 임대업, 부동산업(부동산매매업은 제외), 전문·과학 및 기술 서비스업, 사업시설관리·사업지원 및 임대서비스업, 교육 서비스업, 보건업 및 사회복지 서비스업, 예술·스포츠 및 여가관련 서비스업, 협회 및 단체, 수리 및 기타 개인 서비스업, 가구내 고용활동 나) 위 제1호및 제2호에 해당하는 업종을 영위하는 사업자 중 아래에 해당하는 전문직 사업자. 변호사업, 회계사업, 세무사업, 변리사업, 건축사업, 법무사업, 심판변론인업, 경영지도사업, 기술지도사업, 감정평가사업, 손해사정인업, 통관업, 기술사업, 측량사업, 공인노무사업	해당년도 수입금액 5억원 이상

여기까지 보면 국세청이 잘 관리한다고 생각할 수 있다. 그러나 성실신고대상자는 웬만하면 피하는 편이 낫다.

(2) 성실신고는 애초에 되지 않는 편이 낫다.

성실신고 확인대상자는 부담이 많다. 성실신고확인대상자가 되면 세무사에게 확인을 받고 신고를 한다. 제대로 신고를 하지 못한 경우 세무대리인과 사업자 둘 다 타격을 입는다. 성실신고에 이상이 있으면 우선 사업자는 세무조사의 대상으로 선정될 우려가 있다. 그리고 담당 세무사는 과태료와 최대 2년간 직무정지등을 받을 수 있다.

일반적인 개인사업자는 비용이나 회계처리 시 적당한 선에서 융통성을 발휘할 수 있다. 반면, 성실 신고자가 되는 순간 담당 세무사는 큰 리스크를 떠안게 되어 몸을 사리면서 일을 할 수밖에 없다.

한번 성실신고대상자가 되면 법인으로 전환을 한 경우에도 3년간 성실신고의 의무를 지게 된다. 처음부터 성실신고대상자가 되지 않는 것이 중요하다. 따라서, 법인사업자까지도 생각을 하는 사업자는 매출상황을 지켜보다가 미리 법인으로 전환을 하는 편이 좋다.

(3) 성실신고 확인대상의 주요 검토사항

가) 특수관계자 등과의 거래 검토
- 사업자인 배우자 및 직계존비속과의 거래 내역
- 대표자가 본인, 배우자, 직계존비속 법인과의 거래 내역
- 배우자와 직계존비속에 대한 인건비 지급명세

나) 필요경비 적격증빙 검토
다) 3만 원 초과 거래 검토 (적격증빙 없는 비용의 명세작성)
라) 주요 사업내역 검토
  (매출매입처 현황과 주요 유형자산 및 차입금 현황)
마) 수입 금액 검토 (수입 금액 신고현황, 매출 증빙 발행현황)
바) 업무용 차량 운영현황
사) 사업용 계좌 잔액 현황

(4) 개인사업자에서 법인으로 전환 방법

개인에서 법인전환 시에는 세무사나 전문가에게 의뢰해야 한다고
생각하자.

법인전환의 방법으로는 〈현물출자〉와 〈양도양수〉의 방법이 있다.
이 중 실무적으로는 〈(포괄) 양도양수〉의 방법을 많이 사용한다. 새
로 운영할 법인을 먼저 설립하고 기존의 개인사업자와 사업양수도

계약을 체결하는 것이다. 그리고 모든 권리와 의무를 포괄적으로
승계하는 방법이다.

〈양도양수〉 경우 가장 큰 혜택이 부가가치세의 과세가 제외된다는
점이다. 사업용 자산을 비롯해 모든 물적, 인적 시설과 권리, 의무
를 포괄적으로 승계한다고 인정된다. 따라서 해당 개인사업자의 자
산을 법인으로 이전하는 경우에는 재화의 공급으로 보지 않는다.

사업용 유형자산과 무형자산도 혜택이 있다. 법인으로 이전 시점에
양도소득세를 과세하지 않고 이월해준다. 그리고 해당 법인이 그
자산을 매각할 때 법인세를 내게 된다.

Chapter 5.
천만 원 절세하는 제도활용

[1] 100만 원 절세 - 두루누리 사회보험

1. 개요

두루누리 사회보험은 소상공인 사업자들의 필수격인 제도이다. 월평균 보수가 260만 원 미만인 신규가입 근로자를 채용하는 기업은 두루누리 사회보험료 지원사업을 이용하면 좋다. 두루누리 사회보험은 〈고용보험〉과 〈국민연금〉의 일부를 국가에서 지원해 주는 제도이다.

종종 직원을 채용하고 사대보험에 가입하지 않는 경우가 있다. 사대보험은 사업주들이 반을 내줘야 하는데 영세한 사업장의 경우 부담이 있을 수 있다. 이를 완화하는 제도이다.

두루누리 사회보험은 근로자와 사업주 모두에게 지원되는 혜택이다. 근로자 한 명당 〈건강보험〉과 〈국민연금보험료〉의 최대 80%를 지원한다.

사업주가 보수총액 신고를 신고기한까지 안 한 경우에는 신고일이 속하는 달부터 지원한다. 즉 지원이 제한된다. 또한, 연도 말 보험료 지원을 받고 있으며, 그 보험 연도 중 보험료 지원 기간의 월평균 근로자인 피보험자 수가 10명 미만이면 재신청 절차 없이 다음 연도에도 계속 지원된다.

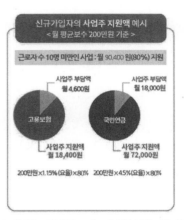
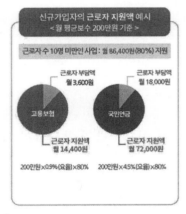

출처: 두루누리 사회보험 홈페이지

2. 지원대상

- 근로자의 수가 10명 미만인 사업체.
- 월평균 보수 260만 원 미만인 신규가입 근로자와 그 사업주

〈신규가입 근로자〉 : 지원신청일 직전 1년간 고용보험과 국민연금 자격취득 이력이 없는 근로자.

□ 참고 : 사대보험 요율

사대보험요율(2023)

명칭	전체요율	근로자부담	사업주부담
국민연금	9%	4.5%	4.5%
건강보험 (장기요양보험)	7.09% (건강보험의 12.81%)	3.545%	3.545%
고용보험 (고용안정, 직업능력개발사업)	1.8% (150인 미만:0.25%)	0.9%	0.9% (근로자 150인 미만 0.25%회사가 부담)
산재보험	업종별상이	-	- 사업종류별 요율 : 전업종 평균 1.43% (동결) - 출퇴근재해 요율 : 0.10% 으로 전년과 동결

3. 지원 제외대상 (아래 중 하나 해당 시 제외)

- 지원신청일이 속한 보험 연도의 전년도 재산의 과세표준 합계가 6억 원 이상인 자
- 지원신청일이 속한 보험 연도의 전년도 종합소득이 연 4,300만 원 이상인 자

4. 특이사항

두루누리 사회보험은 소급지원이 불가하다. 직원을 고용하고 늦게 신청하는 때가 있는데, 신청한 날이 속하는 달부터 지원하고 그 이전에 대해서는 지원하지 않는다. 또한 사대보험료를 연체하면 지원이 제한된다. 납부를 깜박 잊는 경우가 많으니 실무에서는 자동이체를 이용하는 편이 낫다.

이 제도는 특이하게도 특수관계인에 대한 제한 규정이 없다. 따라서 가족을 직원으로 고용해 절세하는 방법을 쓰는 경우 함께 사용해 볼 수 있다. 가족은 일반적인 고용보험이 제외되므로, 두루누리의 지원항목 중에서 국민연금의 혜택을 이용해 볼 수 있다.

5. 가입방법

4대 사대보험 정보연계센터에서 가입한다.

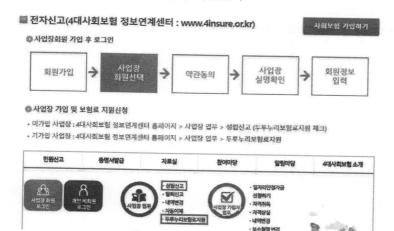

[2] 100만 원 절세 - 노란우산공제

법인의 대표는 내가 월급을 받기 때문에 나중에 퇴직할 때, 퇴직금을 받을 수 있다. 이 퇴직금은 노후 자금으로 쓰인다. 그러나 개인 사업자의 대표들은 본인의 인건비를 비용처리 할 수 없으므로 동시에 퇴직금도 받아갈 수 없다. 개인사업자 사장들은 노후가 불안하다.

각자 알아서 개인연금에 가입하고 퇴직연금에 가입하면 좋겠지만 잘 안되는 듯하다. 이를 보완하기 위해 국가에서 만든 제도가 노란우산공제이다. 다른 적금에 비해서 이자율이 높다. 개인적인 문제가 있어서 자금 압류가 들어와도 피해갈 수 있다. 노후자금으로 활용하라고 나라에서 만든 제도이기 때문이다.

이 제도는 일종의 적금이지만 소득세를 줄여주는 비용처럼 활용할 수 있다. 1년간의 매출에서 비용을 뺀 순이익이 4천만 원에서 1억 사이인 경우, 소득공제 한도는 연 300만 원까지다. 만약 300만원 이상 납입했고 내 소득세율이 15%라면, 300만 원에 15%를 곱한 만큼 세금이 줄어들게 된다. 더 큰 금액을 내도 되는데 내 순이익 즉 소득 금액에 따라서 한도가 정해져 있다.

절세의 기본은 〈빼기〉이다. 이익에 대해서 과세가 된다. 따라서 세금을 줄이려면, 매출이 줄거나, 비용이 커져야 한다. 그런데 매출을 줄일 수는 없다. 우리가 챙겨야 할 것은 비용 즉, 〈빼기〉이다.

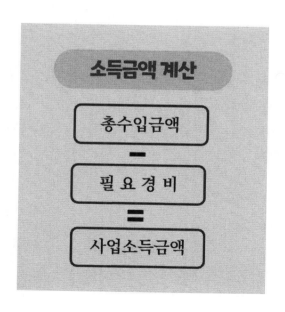

1. 사업 스타터의 필수 제도 - 노란우산공제

노란우산공제는 사업하는 사람이라면 한번은 들어보았을 정도로 많이 알려져 있는데 의외로 안 하는 사장들도 많다. 주로 '바쁘거나 귀찮아서….' 혹은 '그 돈내기도 빠듯해서…'이런 이유이다.

노란우산공제는 소득공제 효과가 크다. 여건이 된다면 꼭 챙기는 것이 좋다. 노란우산공제는 안 좋을 때를 대비해서 매달 저축을 하는 것인데, 종합소득세에서 약 30~100만 원 이상 그냥 세금이 빠지는 효과가 있다. 쉽게 말하자면 매출이 어느 정도 나온다는 가정하에, "너 300만 원 저금해, 그럼 100만 원 줄게" 이런 이야기이다. 내가 낸 돈에서 나의 종합소득세율을 곱해보면 대략적인 절세 금액을 알 수 있다.

노란우산공제는 〈소득공제〉 항목이다. '나의 소득 금액이 얼마냐'에 따라서 최대 연 500만 원까지 공제할 수 있다. 다른 소득공제인 〈부양가족 공제〉나 〈국민연금공제〉는 고정값이다. 즉 내가 손댈 수 없는 항목이다. 반면 노란우산공제는 내가 신청하면 세금 〈공제 항목〉이 하나 더 생기는 것이다. 낸 돈은 은퇴 시 찾아 쓰거나 위기 때 생활자금. 사업자금으로 쓸 수 있다.

은행이나 중소기업중앙회에 방문해 가입할 수 있다. 홈페이지에서 가입하는 방법이 가장 간편하다. 행정 정보 활용에 동의하면 대부분의 서류를 자동 제출할 수 있다.

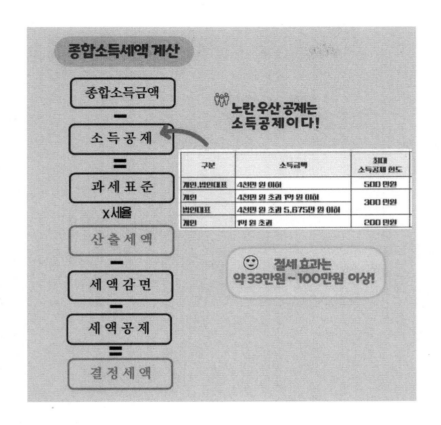

2. 누가 가입할 수 있나?

누가 가입할 수 있을까? 노란우산 공제는 소기업, 소상공인을 위해 탄생한 제도이다. 따라서 소상공인들만 가입할 수 있다.

소상공인이란 개인사업자와 법인 대표자 (연봉 7000만 원 이하인

대표자)가 가입할 수 있다. 또한, 사업자 번호 없는 프리랜서(강사, 유튜버, 보험설계사, 방문판매원)도 사업소득 원천징수를 확인 가능한 사람은 가입할 수 있다.

소상공인의 업종별 매출 기준이 있다.

업종별 연평균 매출액
10억원 ~ 120억원 이하

업종	3년 평균 매출액
제조업(의료용 물질·의약품 등 15개)	120억원 이하
전기·가스·수도사업	
제조업(펄프·종이·종이제품 등 9개), 광업, 건설업, 운수업	80억원 이하
농업, 임업, 및 어업, 금융, 보험업	
출판·영상·정보서비스	50억원 이하
도·소매업	
전문·과학·기술서비스, 사업서비스	30억원 이하
하수·폐기물처리업, 예술·스포츠·여가서비스, 부동산임대업	
보건,사회복지서비스	10억원 이하
개인서비스업, 교육서비스업, 숙박·음식점업	

· 소기업 판단기준이 3년 평균 매출액 기준으로 변경됨 (시행일 2016.1.1)
· 경과규정 : 개정 시행일('16. 1. 1.) 이전에 종전규정에 따라 소기업에 해당한 경우 2019. 3. 31.까지 소기업으로 인정

유흥주점, 단란주점, 무도장, 도박장, 의료 행위가 아닌 안마업은 가입이 제한된다. 부동산 임대업의 소득은 소득공제가 안 되며, 지자체별로 주는 장려금도 제한된다.

3. 돈은 어떻게 낼까?

매달 내는 금액은 5~100만 원 사이에서 1만 원 단위로 선택할 수 있다. 자동이체로 설정할 수도 있다. 주의할 점은 12개월 이상 연체를 하면 강제 해지의 사유가 된다.

최대 공제 한도인 500만 원이라서 이 금액으로 딱 맞추어서 넣는 분들이 있다. 그런데 소득공제 시에는 낸 모든 금액이 공제되는 것이 아니다. 나의 소득 금액 구간에 따라서 〈최대 공제 한도〉가 정해져 있다. 따라서 나의 최대 공제 한도 금액 이상만 맞추어서 내면 된다. (상기 표 참조.)

4. 노란우산공제의 장점

(1) 노란 우산 공제금은 압류가 되지 않는다. 즉 최악의 상황에서도 이 금액은 보호받을 수 있다.

(2) 폐업, 사망, 질병, 노령 등으로 사업이 어려울 때 가입 기간과 관계없이 전액 일시금으로 돌려받을 수 있다. 이때 이자도 함께 받을 수 있으며, 시중 은행과 다르게 연 2.4% 이율의 복리 이자가 적용된다.

(3) 미연체자는 내가 낸 돈에서 무담보 무보증으로 저리 대출도 가능하다.

(4) 납부를 일시 중지할 수 있다.

(5) 매출액 기준에 따라서 내가 속한 지자체에 신청하면 〈장려금〉을 준다. 지자체마다 요건이 다른데, 상반기에 소진되는 곳이 많다. 대체로 한 달에 2만 원씩 1년 동안 준다.

(6) 무료 상해보험 가입이 된다. 보험료는 중소기업 중앙회가 부담하고, 상해로 인한 사망 및 후유장해가 발생하면 2년간 최고 월 납부금액의 150배까지 보험금이 지급된다.

5. 기타 주의사항

(1) 종합소득세 공제를 받은 후 중간에 해지하면 페널티가 있다. 소득공제를 받은 부분과 이자에 대해서 16.5%의 기타 소득세를 부과된다. 따라서 실제 수령액이 납부금액보다 작을 수 있다. 장기 저축의 취지 때문이다.

(2) 1년 이상 연체하거나, 부정하게 수급을 한 경우 강제로 해지당할 수 있다. 부정수급의 경우 해약금의 80%만 지급될 수 있다.

(3) 프리랜서까지 가입할 수 있어서 활용도가 높을 것 같지만 고려해야 할 점이 있다. 프리랜서는 사업자등록증이 없으므로 폐업 시 내가 낸 돈을 돌려받을 수 없다. 즉, 60세가 되어야 받을 수 있다. 이경우 다음에 사업자등록을 한 후에 낸 내용을 승계할 수 있다.

[3] 1,000만원 절세
- 연구 및 인력개발비 세액공제

1. 중소기업 절세의 끝판 대장이 있다.

내가 내야 할 세금에서 천만 원을 내지 말라고 하면 어떤 기분이 들까? 혹은 3천만 원 내지 말라고 하면 어떨까? 내가 낼 세금을 천만 원 단위로 깎아주는 제도가 있다. 바로 R&D 세액공제(연구인력개발비 세액공제)이다.

〈연구개발세액공제〉는 연구 활동을 하는 회사에 1년 동안의 연구 활동 중 발생한 인건비, 자재비 등의 금액을 25% (중소기업의 경우)만큼을 법인세나 소득세에서 감면해 주는 제도이다.

엄청나게 큰 혜택이다. 계산의 편의상 연구원 1명 인건비를 4천만 원이라고 가정하자. 25%는 1천만 원이다. 낼 세금에서 1천만 원만큼이나 절세를 할 수 있다. 여기에 연구개발용으로 자재비나 기타의 비용까지 더하면 절세 금액이 상당하다. 사실 매출 규모가 어느 정도 되는 회사는 천만 원보다 훨씬 큰 절세를 누릴 수 있다.

이렇게 혜택이 큰 만큼 세무서에서 엄격하게 관리하는 대상이기도 하다. 따라서 정신을 바짝 차려야 한다. 그렇다고 엄청나게 어려운 것도 아니다. 한 번만 잘 공부해두면, 일 년에 한 두 번 정도만 신경을 쓰면서 천만 원 단위의 절세 혜택을 누릴 수 있다.

연구인력개발비의 혜택을 정리해보면 다음과 같다.

(1) 파격적인 세액공제

- 중소기업 : 〈총액 발생기준〉 연구인력개발비 당해 발생액 x 25%

이 글은 시작하는 사업자와 소규모 사업자를 대상으로 쓰고 있다. 따라서 여기서는 중소기업의 경우만 살펴보겠다. (중견기업과 대기업의 기준도 있다) 위에 나온 25% 공식은 〈총액 발생기준〉 공식이다. 이것 외에 〈증가 발생기준〉이라고 있는데 우선은 〈총액 발생기준〉만 알아 두어도 무방하다.

여기에서 연구인력개발비는 연구소 혹은 전담부서에서 근무하는 직원의 인건비와 연구용으로 사용하는 견본품이나 원재료비, 외주가공

비와 같은 항목들이다. 실무적으로는 인건비가 가장 큰 부분을 차지한다. 원재료부문에서는 금형비와 같은 금액이 큰 편이다.

(2) 최저한세의 적용 배제

최저한세의 적용도 받지 않는다. 최저한세는 세금을 감면받더라도 최소한의 세금은 내게끔 만들어진 제도이다. 법인세 혹은 소득세가 2천만 원 발생했는데 세액공제금액이 2천만 원이라 가정하자. 전액 감면이 아닌 발생한 이익의 7%(중소기업의 경우)는 무조건 납부를 하는 제도이다. 이러한 최저한세의 적용도 면제가 된다.

이처럼 세금을 아예 내지 않는다고 알고 있는데 실제 납부 시에는 소액을 내게 되어서 궁금한 경우가 있을 것이다. 이는 지방세이다.

(3) 이월적용도 가능하다.

세액공제금액이 낼 세액보다 큰 경우 다음 해로 이월된다. 최대 10년까지 이월해 공제액을 사용할 수 있다. 만약 낼 세액이 2천만 원인데 세액공제액이 4천만 원이라면 나머지 금액을 최대 10년까지 이월하여 공제받을 수 있다.

(4) 그 밖의 다른 혜택

- 각종 국가지원사업, 국책사업, 신용평가 등 가점 부여
- 연구소용 부동산 취득 시 취득세를 감면

- 연구원 급여 일부에 비과세 혜택, 병역특례 혜택

이 혜택은 〈연구소〉와 〈연구개발전담부서〉를 설립한 기업에 주어진다. 연구개발 활동을 장려하기 국가에서 만든 제도이다. 〈연구소〉는 기업의 규모별로 다르지만, 필요한 연구원의 수는 최소 2명 이상이다. 〈연구개발전담부서〉는 기업의 규모와 관계없이 연구원이 1명 이상이면 가능하다. 여기서 다루고자 하는 내용은 소규모 기업도 도전해 볼 수 있는 〈연구개발전담부서〉이다.

기업부설 연구소/전담부서 신고 관리시스템 홈페이지
www.rnd.or.kr

위의 사이트에서 기업부설 연구소와 연구개발전담부서에 관한 객관적인 정보를 확인할 수 있다. 여기서는 실무자의 관점에서 접근해 보겠다.

2. 이건 저와 관련이 없는 것 같은데요?

연구인력개발비 세액공제는 중소기업과 소규모 회사가 받을 수 있는데, 노력 대비 가장 큰 혜택이라고 할 수 있다. 그런데 많은 사람이 이 제도를 슬쩍 보고 흘려보낸다. 혹은 관심을 가졌다가도 당장할 수 없다고 생각해 금방 돌아서기도 한다.

우선 규모가 큰 회사에 적용되는 내용이라고 생각한다. 어느 정도 맞는 말이다. 낼 세금이 최소 몇백만 원은 되어야 제도를 활용하는 보람이 있을 것이다. 그리고 순수 1인 기업은 힘들다. 연구개발 인원이 다른 업무를 병행할 수 없기 때문이다. 그러나 5인 미만의 소기업이라도 충분히 가능하다. 그리고 법인 기업들이 연구소를 이용한다고 알고 있는데 개인사업자도 가능하고 실무에서도 혜택을 받는 회사들이 많다.

새로운 먹거리를 찾는 연구개발 활동을 할 것이다. 만약 당장은 힘들다해도 일정기간 준비를 하면 전담부서 정도는 만들어서 큰 절세 혜택을 누려볼 수 있다. 연구개발 활동을 한다면 전담부서를 만들어 세제 혜택을 받는 것은 사실 그리 어렵지 않다. 혜택 이후에 〈연구전담부서〉를 유지하는 것이 더 중요하다.

사람들이 진입장벽으로 여기는 것들이 있다. 아래에서 진입장벽으로 여겨지는 대표적인 것을 정리해본다.

(1) 공학 계열만 된다?

제도를 처음에 접하고 공학 분야이구나 판단하고 그냥 넘기는 경우가 많다. 그러나 이 제도는 공학 계열만 지원하는 것이 아니다. 나의 업종이 연구소로 인정을 받을 수 있는지 구체적으로 확인을 하는 것이 우선이다. 지식서비스 분야도 엄연히 연구 활동과 연구소를 인정받을 수 있다.

> **[중요] 공학 계열만 되는 것이 아니다.**
> 서비스업과 산업디자인 분야도 가능하다. 연구원 자격은 자연계 분야 전공자가 아니더라도 학사 이상만 충족하면 된다. www.rnd.or.kr 의 공지사항에는 기업부설 연구소/연구개발 전담부서로 인정이 가능한 서비스 분야를 확인할 수 있는 표를 제공하고 있다. 서비스와 산업디자인의 경우 우선 위의 표에 해당하는 업종인지 확인을 해야 한다.

다만, 공학 계열보다 제도가 늦게 도입이 되었기 때문에 활성화가 늦었다. 최근 들어서는 지식서비스 분야의 연구소 인정을 더욱 확대하고 있다. 2020년부터는 유흥업과 같은 분야를 제외하고 대부분의 서비스업이 연구소 인정을 받을 수 있게 되었다.

> **[중요] 서비스 분야 R&D의 공식적인 정의 (중요)**
>
> **- 서비스 분야의 연구개발 활동의 〈정의〉**
> '서비스 혁신을 통해 새로운 지식을 얻거나 응용하는 체계적이고 창조적인 활동'을 의미한다.
> **- 서비스 분야의 연구개발의 〈내용〉**
> 기존의 제조업 연구개발에다 인문사회과학적 연구 그리고 기존 개발된 기술의 접목과 활용이 추가된다.
> **- 서비스 분야의 연구개발의 〈목적〉**
> 새로운 서비스 개발, 제품과 결합한 서비스 개발, 서비스 생산 및 전달 개선, 인터페이스 개선 등이 포함된다.

심지어 숙박업과 음식점업까지도 연구소가 인정된다. 숙박업의 경우 새로운 객실상품과 운영솔루션개발, 서비스융합 그리고 음식점업의 경우에는 새로운 조리법과 새로운 서비스의 개발이 연구 활동으로 인정을 받을 수 있다.

서비스 분야의 대표적인 연구개발 활동은 크게 3가지가 있다.

(가) 새로운 서비스 개발 (나) 서비스 전달체계 개선 (다) 제품과 서비스의 융합

이런 활동들이 대부분 IT나 신 기술적인 요소가 접목되는 경우가 많다. 예를 들어 서빙을 하는 로봇을 개발한다든지, 요즘 유행하는 AI기술을 이용해 무엇인가를 서비스하는 앱이나 기계를 개발하는 것이다.

그러나 첨단기술은 부수적인 도구로 따라오는 것이지 여기에 얽매일 필요는 없다. (가)는 기존에 없었던 서비스를 개발하는 것이 핵심이다. (나)의 경우에도 이미 개발된 기존 기술을 접목을 한다면 방향성을 더 쉽게 잡을 수 있다. 이도 역시 서비스가 전달되는 현재의 상태보다 더 나은 방법을 생각해보는 것이 핵심이다.

또한 서비스분야도 공학 연구와 마찬가지로 혜택만 받기 위한 보여주기식이 아닌 실제 상용화 할 수 있는 연구를 하는 것에 중점을 두는 것이 좋을 것이다.

(2) 규모가 있어야 한다?

연구소가 아닌 연구개발전담부서로 시작하면 된다. 물적요건이 훨씬 간편하다. '연구소'를 설립하면, 간판을 달고 독립된 공간을 만들어야 하는 것이 원칙이다. 그러나 '전담부서'는 어느 정도 이상의 업무 공간만 확보하면 된다. 따라서 사무실 안에 파티션으로 구획만 나누어 놓고 전담부서 딱지만 달아놓아도 인정이 된다.

또한 전담부서는 인적요건도 간편하다. 연구원 한 명이면 된다. 이 한 명은 연구 업무만 하도록 되어 있다. (이 부분은 다음 장에서 더 서술하겠다) 따라서 연구원을 제외하고 나머지 인원이 생산, 판매, 영업 등 기업의 다른 활동을 하고 있다는 증명만 할 수 있으면 된다.

> **[중요] 창업 3년 미만 소기업의 경우**
> 대표이사가 연구전담 요원 자격을 갖추면 연구전담 요원으로 인정가능하다.

특히 창업 3년 미만 소기업의 경우 대표이사도 연구원으로 인정이 가능하다는 규정이 있다. 아무래도 창업초기에는 직원의 급여책정을 많이 할 수 없을 경우가 많다. 연구인력개발세액공제는 인건비에서 절세가 되는 부분이 크기 때문에 대표이사를 연구원으로 지정하는 것이 도움이 될 것이다. 따라서 이론상 최소인원을 따져보다면 1명 연구전담요원 1명은 기타 모든 업무 이렇게 2인으로 구성해 볼 수도 있겠다. 그러나 실질적으로 사업이 굴러갈 수 있는지 납득이 되어야 한다.

여기서 (가)인적 요건과 (나)물적 요건을 간단히 정리하면 다음과 같다.

인정요건

구분			신고요건
인적 요건	연구소	벤처기업	연구전담요원 2명 이상
		연구원창업중소기업	
		소기업	연구전담요원 3명이상
			단, 창업일로부터 3년까지는 2명이상
		중기업	연구전담요원 5명 이상
		국외에 있는 기업연구소	연구전담요원 5명 이상
		(해외연구소)	
		중견기업	연구전담요원 7명 이상
		대기업	연구전담요원 10명 이상
	연구개발 전담부서	기업규모에 관계없이 동등적용	연구전담요원 1명 이상
물적 요건	연구시설 및 공간요건		연구개발활동을 수행해 나가는데 있어서 필수적인 독립된 연구공간과 연구시설을 보유하고 있을 것

(가) 인적요건

기업의 규모별로 확보해야 할 전담 요원의 수는 다르다. 또한, 학위나 자격증, 경력 등의 요건을 갖춘 인력이어야 한다. 가장 중요한 것은 연구원이 겸직하면 안 된다는 점이다. 그리고 연구개발 과제를 직접 수행해야 한다. 연구인력 세액공제의 대표 격이 연구원의 인건비이다.

자연계 분야의 학사 혹은 국가기술 자격증의 기사 이상인 자이다. 중소기업의 경우 전문학사이더라도 2년 이상의 연구경력이 있으면 된다.

연구전담 요원의 자격

기업 규모관계없이 모두 인정되는 경우	자연계(자연과학·공학·의학계열)분야 학사 이상인 자
	국가자격법에 의한 기술·기능분야 기사 이상인 자
중소기업에 한해 인정되는 경우	자연계분야 전문학사로 2년 이상 연구 경력이 있는 자(3년제는 1년 이상)
	국가기술자격법에 의한 기술·기능분야 산업기사로 2년 이상 연구 경력이 있는 자
	마이스터고 또는 특성화고 졸업자로 4년 이상 연구 경력이 있는 자
	기능사 자격증 소지자의 경우 경력 4년 이상 연구 경력이 있는 자
	창업 3년 미만 소기업 : 대표이사가 연구전담요원 자격을 갖춘 경우 연구전담요원 인정 가능
중견기업	중소기업 당시 연구전담요원으로 등록되어 해당 업체에 계속해서 근무하는 경우는 중소기업에 한해 인정되는 자격을 중견기업이 되었어도 인정
산업디자인 분야 및 서비스 분야를 주업종으 로 하는 경우	자연계분야 전공자가 아니더라도 가능 학사 이상인 자 전문학사로 2년 이상 연구 경력이 있는 자 국가기술자격법 제9조제2호에 따른 서비스 분야 1급 이상의 자격을 가진자 국가기술자격법 제9조제2호에 따른 서비스 분야 2급 소유자로서 2년 이상 연구 경력이 있는 자

(나) 물적 요건

원칙

연구소는 무조건 연구원의 단독 공간이어야 한다. 사방이 고정된 벽체로 다른 부서와 구분되어야 하고 출입문을 갖추어야 한다.

그리고 다른 부서와의 독립성이 보장되어야 한다. 만약 연구실 안에 탕비실이나 복사실과 같은 공용공간이 설치되어 외부의 인력이 출입하도록 되어 있다면 연구소로 인정이 되지 않는다. 회의실 형태의 연구공간도 연구원이 상시 근무하는 조건으로 보기 어렵다. 개인 좌석이 있어야 인정된다.

연구소의 면적은 기자재를 갖추고 업무를 수행하는데 적절한 크기를 확보할 정도면 된다고 규정되어 있다.

예외

물적 요건이 별도의 출입문을 갖추어야 하므로 원칙적으로는 철거가 가능한 파티션, 간이칸막이 등을 사용한 경우 연구공간으로 인정하지 않는다.

그러나 면적이 50㎡ 이하이고, 다음의 경우에 한하여 다른 부서와 파티션, 책장 등으로 구분하여 운영할 수 있다. 이때 연구소 또는 전담부서의 표지를 칸막이에 부착한다.

- 과학기술 분야 및 서비스 분야 중기업, 소기업, 연구원창업
  중소기업, 벤처기업부설 연구소와 연구개발전담부서
- 서비스 분야 대기업, 중견기업, 연구개발전담부서 (정보서비스

또는 소프트웨어개발공급업종만 해당)

3. 컨설팅 회사의 영업기밀

(1) 컨설팅에 특화된 일종의 상품(?)이다

이 제도로 컨설팅하는 업체들이 많다. 제도 자체가 컨설팅 회사에서 영업하기에 안성맞춤이다. '선 혜택, 후 검증'의 형태를 띠고 있기 때문이다. 일정한 요건을 갖추어 신청만 하면 세액공제가 된다. 컨설팅업체는 박수를 받고 떠난다. 그리고 항상 문제는 그들이 떠난 뒤에 발생한다.

규모에 따라 다르겠지만 천만 원 정도는 기본이고 3~4천만 원 정도를 세금을 안 내는 예도 있다. 사실상 연구개발 활동을 하는 일정 규모의 회사는 세금을 거의 안 내게 되어있다. 몇천 단위로 혜택을 보니 컨설팅 회사에 몇백을 쥐어줘도 회사는 고마워한다.

컨설팅 회사에서 꼼수라고 알려주는 부분이 바로 '인적요건' 항목이다. '물적 요건'은 '연구개발전담부서'의 경우 큰 부담 없이 요건을 충족할 수 있다. 반면, '인적요건'은 정석대로 하자니 문제가 있다. 이 제도의 혜택을 받으려면 연구인력 직원은 오로지 '연구 업무'만 하도록 되어있기 때문이다.

작은 회사에서 1천~2천만 원 절세하려는 목적으로 오직 연구만 하는 직원을 연봉 3~4천만 원을 주고 뽑을 수는 없는 노릇이다. 그래서 컨설팅 회사는 겸직시키라는 솔루션을 제시한다. 허위로 한 직원을 연구원으로 등록해 놓고, 실제로는 다른 업무를 하거나 겸직을 하도록 하는 것이다.

한마디로 컨설팅 업체에서 하는 일은 이 제도를 소개해주는 일, 그리고 "눈치껏 꼼수부리세요"라고 하는 일이다. 물론 수요가 있으니 그 역할을 인정해 줄 수도 있겠다. 그러나 자신들이 추진했던 일의 사후관리가 잘 안되는 경향이 있어서 아쉽다. 꼼수를 시켰으면, 고객측에서 대응을 할 수 있도록 사후 관리를 해주거나 '연구노트' 라도 잘 쓰도록 교육을 하면 좋을 텐데 그에 대한 지식과 의욕도 없는 업체들이 많다.

(2) 사후 문제 발생과 컨설팅 업체의 면피방법

보통 문제는 시간이 지나서 나중에 터진다. 1년 (어떤 지역은 2년) 마다 현장점검이 나오는데 그때 부적합으로 판명되면 큰 문제가 생긴다. 기존에 공제받은 세금을 다시 추징당하고, 신고 납부 불성실 가산세도 부담해야 한다.

물론 이 때의 책임은 사업주에게 있다. 사업주는 컨설팅업체를 원망할 수도 있다. 컨설팅업체는 사후관리에 대한 도의적인 책임은 있을지 몰라도 직접적인 책임은 없다. 컨설팅업체는 주의해야 한다고 지나가면서 한마디 정도는 했을 것이다.

또한 컨설팅 업체는 〈연구소 설립비〉라는 명목으로 돈을 받는다.

〈연구개발세액공제〉의 명목으로 돈을 받지 않는다. 따라서 세액공제에서 일이 잘못 되더라도 책임회피를 할 수 있다.

컨설팅업체에서 연구소 설립비로 청구하는 금액은 얼마일까? 정확한 액수는 업체마다 다르겠지만 대략 연구개발전담부서는 300만원 내외이고, 기업부설연구소는 350만원 내외이다. '연구개발비세액공제'는 연구소의 설립 후 운영에 대한 조언 내지는 추가 서비스의 개념이기 때문에 직접적인 책임을 피할 수 있는 것이다.

(3) 그렇다면 컨설팅 업체는 필요없나?

단정지을 순 없겠지만 기술이나 이공계열이면 컨설팅 업체는 필요 없다고 본다. 단 기본적인 문서업무(Paper work) 능력은 있어야 한다. 일반적으로 기술분야는 기업 외부의 사람이 이것이 진짜 연구개발활동인지 아니면 보여주기식 연구개발 활동인지 판단하기가 상당히 어렵다. 그래서 연구개발활동 여부보다는 연구원의 겸직이나 물적요건만 검토하게 된다.

연구노트와 같은 근거자료를 남기고 실제로 연구개발 활동을 했음을 증명까지 한다면 연구활동에 대해서는 거의 문제가 발생하지 않는다.

만약 서비스 업종이라면 컨설팅 업체를 이용해볼만도 하다. 서비스 업종의 연구소는 공학계열에 비해 설립비중이 낮기 때문에 일관적인 심사기준이 자리잡지 않은 듯하다. 또한 서비스분야는 사업내용에 따라서 모호한 부분도 있으며, 타인이 이것이 서비스관련 활동인지에 대해서 판단해 볼 여지가 있다.

이 경우에도 괜찮은 컨설팅업체를 찾기가 쉽지는 않을 것이다. 서비스나 지식분야의 연구소를 진행해본 업체가 상대적으로 많지 않다. 따라서 관련 포트폴리오가 얼마나 있는질 확인해 보는 것도 하나의 방법이다.

컨설팅 업체를 찾기 전 한국산업기술진흥협회에서 발행한 〈기업부부설연구서 및 연구개발전담부서 신고에 관한 업무편람〉이라는 자료가 있다. 이를 먼저 숙지하는 편이 훨씬 도움이 된다.

(4) 그렇다면 꼼수는 쓸까 말까?

꼼수의 핵심은 '겸직'이다. 판단은 사업주 각자에 맡긴다. 편법을 쓸 것이라면 확실하게 하고, 어중간하게 하려면 하지 않아야 한다. 어떻게 소명을 할 것인가의 관점이다.

'연구원'을 겸직을 시키더라도 해당 인원이 이 제도에 대해 잘 알고 있어야 한다. 그리고 회사의 사업내용에 대해 조리있게 말을 잘 할수 있을 정도로 똑똑한 직원이어야 한다. 사후검증 조사가 나왔을 때 순간의 대처를 잘 못하면 몇천만 원이 날아갈 수도 있다.

또한 '물적요적' 또한 심사만 받고 사후관리를 하지 않는 경우도 많다. 공간을 분리하지 않거나 창고 비슷하게 쓰는 경우이다. 꼭 요건을 숙지해서 추후에 불이익이 없도록 해야 한다.

〈기업부설 연구소/연구개발전담부서〉는 절세 효과가 크지만, 제대로 운영하지 않으면 나중에 세금폭탄을 맞을 수도 있다. 세금혜택이 아주 크기 때문에 나라에서는 이 제도를 편법으로 활용하는지 정기적으로 확인을 한다.

4. 전담부서 신청 시 준비해야 할 서류

*준비서류
- 연구개발전담부서신청서
- 연구개발 활동개요서
- 인력 현황, 기자재 현황
- 사대보험가입명부
- 사업자등록증
- 조직도
- 자격증
- 신용상태조회동의서, 청렴서약서
- 중소기업 기준검토표 (세무사 확인)
- 회사도면, 연구개발전담부서 도면

실제 신청을 진행한 신청서 및 도면을 첨부해 보겠다.

첨부 :연구개발전담부터 신청서 사례

연구개발전담부서 신청서

※ 위쪽의 작성방법을 읽고 작성하시기 바라며, [ ]에는 해당되는 곳에 √표를 하시기 바랍니다. (앞쪽)

접수번호	접수일		처리기간	7일

신청인 (기업)	① 기업체명		② 사업자등록번호		
	(홈페이지 :)		③ 업종(KSIC)		
			④ 주요 생산품		
	⑤ 대표자명		생년월일	성별	내국인/외국인
	⑥ 주소		전화번호		
			팩스번호		
	⑦ 재무 현황 (천)	총자산 백만원	자본금 백만원	매출액	백만원
	⑧ 종업원 수 (명)	⑨ 개업 연월일	⑩ 외국인 투자 법인인 경우 투자국	(%)	
	⑪ 기업 유형	[ ] 대기업 [ ] 중견기업 [ ] 중기업 [ ] 소기업 벤처기업(∥년2 월∥7일) [ ] 연구원·교원 창업기업 [ ] 기타			

연구 개발 부서	⑫ 연구개발부서명		⑬ 설립 연월일		
	⑭ 소재지		전화번호		
			팩스번호		
	⑮ 연구 분야	[ ]건설엔지니어링 [ ]금속 [ ]기계 [ ]산업디자인 [ ]생명과학 [ ]섬유 [ ]소재 [ ]식품 [ ]전기전자 [ ]정보처리 [ ]화학 [ ]환경 [ ]기타			
	⑯ 주 연구 내용				
	⑰ 연구개발인력	연구전담요원 / 명 연구보조원 명 연구관리직원 명	⑱ 연구기자재		종
	⑲ 연구공간	[ ] 건물 전체 [ ] 독립공간 [√] 분리구역 [ ]소유 [ ]임대 건물 ㎡ [ ]소유 [ ]임대 ㎡ [ ]소유 [ ]임대 ㎡			

⑳ 연구개발투자 (년도)	연구개발인력에 대한 인건비	35	백만원
	연구시설비	50	백만원
	기타	5	백만원

「기초연구진흥 및 기술개발지원에 관한 법률」 제14조의2제2항 및 같은 법 시행규칙 제4조제1항에 따라 위와 같이 신청합니다.

년   월   일

기업대표   (서명 또는 인)

__(사)한국산업기술진흥협회__ 귀하

210mm×297mm[백상지 80g/㎡]

첨부 서류	1. 연구개발활동 개요서(별지 제2호서식) 1부 2. 연구기자재 현황(별지 제3호서식) 1부 3. 연구개발인력 현황(별지 제4호서식) 1부 4. 사업자등록증 사본 1부 5. 회사 조직도 1부 6. 연구개발부서가 위치한 층의 전체 도면 및 연구개발부서의 내부 도면(전용 출입구 현황 및 내부 사진을 포함 합니다) 1부	수수료 없음

신청서 작성방법

1. ①의 '업종'란에는 해당 기업의 주 업종을 한국표준산업분류 기준(KSIC코드)에 따라 해당 코드를 적습니다.
2. ②의 '주요 생산품'란에는 해당 기업에서 생산하거나 제공하는 대표적인 제품, 서비스를 적습니다(예: 자동차 타이어, 핸드폰, 온라인게임, 조경설계 등).
3. ③의 '주소'란에는 해당 기업이 위치하고 있는 주 소재지의 번지수와 빌딩명, 빌딩 호수까지 적습니다.
4. ④의 '재무 현황'란은 신고일 기준 최종 결산자료를 기준으로 작성하고 기준연도를 적습니다.
5. ⑤의 '종업원 수'란에는 가장 최근의 상시 종업원 수를 적습니다(일용근로 제외합니다).
6. ⑥의 '개인 연락처'란에는 사업자등록증에 적힌 기업 연락처를 적습니다.
7. ⑦의 '외국인 투자 법인인 경우'란에는 투자 법인의 국적과 투자지분을 적습니다.
8. ⑧의 '기업 유형'란의 구분은 「중소기업기본법」 제2조, 같은 법 시행령 제3조 및 제8조, 「중견기업 성장촉진 및 경쟁력 강화에 관한 특별법」 제2조를 기준으로 선택하고, 「벤처기업육성에 관한 특별조치법」에 따른 벤처기업일 경우 유효기간을 적습니다.
9. ⑨의 '설립 연월일'란에는 해당 기업에서 자체적으로 연구개발부서를 설립한 날짜를 적습니다.
10. ⑩의 '소재지'란은 연구개발부서가 위치하고 있는 주소의 번지수와 빌딩명, 빌딩 호수까지 적습니다.
11. ⑪의 '연구 분야'란은 연구개발부서에서 수행하는 연구개발 분야를 선택하고 구체적인 연구 내용의 대표적인 활동은 ⑫의 '주 연구 내용'에 적습니다.
  ※ '기초연구진흥 및 기술개발지원에 관한 법률 시행령」 별표 1의 지식기반서비스 분야의 정보서비스, 소프트웨어개발공급 업종에 해당하는 연구를 할 경우에는 정보처리를 선택합니다.
12. ⑫의 '연구개발인력'란에는 연구개발인력 현황(별지 제4호서식)의 직원 수를 적습니다.
13. ⑬의 '연구기자재'란에는 연구기자재 현황(별지 제3호서식)의 연구기자재 수를 적습니다.
14. ⑭의 '연구공간'란에는 연구개발전담부서가 아래 형태에 따라 '건물 전체', '독립공간', '분리구역'을 선택하고 각각 자사 소유 건물일 경우에는 '소유', 임대건물일 경우에는 '임대'를 선택합니다.
 - 건물전체: 건물 전체를 사용하는 경우(건물의 전체 영역의 기재)
 - 독립공간: 별도의 출입문을 갖추고 사방이 고정된 벽체로 천장까지 구분한 공간
 - 분리구역: 칸막이 등으로 연구공간을 구분한 경우
  ※ 다만, 분리구역의 경우에는 다음 각 목의 어느 하나에 해당하는 경우로서 30제곱미터를 초과하는 면적을 연구공간으로 확보할 수 없는 경우만 선택합니다.
  가. 「중소기업기본법 시행령」 제6조제1항에 따른 소기업자가 설립한 기업의 연구개발부서
  나. 「기초연구진흥 및 기술개발지원에 관한 법률 시행령」 별표 1에 따른 지식기반서비스 분야의 업종을 주된 업종으로 하는 기업(해당 업종과 관련한 연구개발활동을 수행하는 같은 영 제16조의2제2항에 따른 기업의 연구개발부서(정보서비스 또는 소프트웨어개발공급 업종만 해당합니다)
15. ⑮의 '연구개발투자'란에는 신청한 해부터 향후 1년간의 연구개발부서 투자계획을 '연구개발인력에 대한 인건비', '연구시설비', '기타'의 구분에 따라 적습니다.

신청서류 처리절차

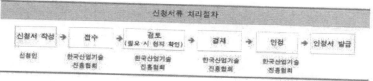

신청서 작성 →	접수 →	검토 (필요 시 현장 확인) →	결재 →	인정 →	인정서 발급
신청인	한국산업기술 진흥협회	한국산업기술 진흥협회	한국산업기술 진흥협회	한국산업기술 진흥협회	

210mm×297mm[백상지 80g/㎡]

■ 기초연구진흥 및 기술개발지원에 관한 법률 시행규칙 [별지 제2호서식] <개정 2016. 9. 23.>

연구개발활동 개요서

① 설립배경 및 필요성

제품의 분석을 통한 성능 향상 및 경제성

② 관장할 기능

위 항목에 언급한 네가지 모델의 향상 및 구성재료가 재료, 운전비 등의 개선을 통해

③ 전문 분야

인공한 기계관련 전반 기술 및

1항, 1항, 1항의 향상

④ 신청일부터 1년간 직접 수행할 대표적인 연구과제 (3가지 정도)	연 도	2019 년도	2019 년도	2019 년도
	연구과제명	상용화	개발	개발
	연구 내용	제품의 인장강도 안정화 개선	되기 위한 ...	개발 및 제품의 향상 제품에 맞는 개발
	연구개발비 (백만원)			

위의 사실이 틀림없음을 확인합니다.

년   월   일

기업대표   (서명 또는 인)

연구개발활동 개요서 작성방법

◇ ①의 "설립배경 및 필요성"란에는 신청기업의 해당 업종과 지금까지의 기술개발 현황 및 기업부설 연구기관 또는 기업의 연구개발부서 설립의 닦아성 등을 간단명료하게 적습니다.
◇ ②의 "관장할 기능"란에는 기업부설 연구기관 또는 기업의 연구개발부서가 수행할 기능을 구체적으로 적습니다.
◇ ③의 "전문 분야"란에는 신고하는 기업부설 연구기관 또는 기업의 연구개발부서가 연구개발활동을 수행할 때 요구되는 전문적인 기술 분야 및 그 기술 분야의 연구개발 목표를 간략히 적습니다.
◇ ④의 "신청일부터 1년간 수행할 대표적인 연구과제"란에는 신청일부터 향후 1년 동안 수행할 연구과제를 연구과제명, 연구 내용, 연구개발비 항목으로 나누어 일목요연하게 적습니다.

210mm×297mm(백상지 80g/㎡)

[ ] 기업부설 연구기관
[ ] 기업의 연구개발부서   연구개발인력 현황

※ 뒤쪽의 작성방법을 읽고 작성하시기 바라며, [ ]에는 해당되는 곳에 √표를 하시기 바랍니다.   (앞쪽)

1. 개 황

구 분	박 사	석 사	학 사	전문학사	기 타	계
① 연구전담요원			/			/
② 연구보조원						
③ 연구관리직원						
계			/			/

2. 연구원 현황

④ 구분	⑤ 일련번호	⑥ 직위	⑦ 성명	⑧ 생년월일	⑨ 성별	내/외국인	⑩ 소속부서	최종 학교 (전공학과)	최종 학위 (학위번호)	⑪ 병적사항	⑫ 발령일	⑬ 신규 편입 여부
⑥ 기업부설 연구기관장												[ ] 전임 [ ] 겸임
⑰ 연구전담요원	선임 연구원					내국인	연개반 전담화사			병역필		
⑱ 연구보조원												
⑲ 연구관리직원												

년   월   일

기업대표   (서명 또는 인)

■ 기초연구진흥 및 기술개발지원에 관한 법률 시행규칙 [별지 제3호서식] <개정 2016. 9. 23.>

연구기자재 현황

① 일련 번호	② 품명	③ 모델명	④ 수량	⑤ 제작회사 (국명)	⑥ 설치 장소	⑦ 설치일	⑧ 사용 구분
1	CNC 선반	LYNX 220 LC	1	Dusan			
2	CNC 선반	PUMA GT 2100	1	Dusan			
3	면취기	CM-80-3AB	1	TAIWAN			
4	전조기	DIR 3 DIES	1	동일로링			
5	파이프절단기	DR-155-CNC	1	(주)DREAMSAW			
6	Auto Cad	ONE CAD	1	(주)CAD센터대리점			
7	3D 프린터	Ender-3	2	CHINA			

위의 사실이 틀림없음을 확인합니다.

년   월   일

기업대표   (서명 또는 인)

연구기자재 현황 작성방법

◇ 기업부설 연구기관 또는 기업의 연구개발부서 안에 있는 기자재 중 연구개발활동과 관련하여 직접 사용되는 연구기자재만을 기입합니다(사무 책상, 팩스, 전화기, 복사기, 등의 사무용기기와 서버(Server), 허브(Hub) 등의 통신수단 및 한글 등 일반적인 범용 소프트웨어는 제외하지 않으나 개발용도 사용되는 전용프로그램은 포함시킬 수 있습니다).
◇ ①의 "일련번호"란에는 연구기자재의 일련번호를 기입합니다(1, 2, 3, 4 … 등 을 의미합니다).
◇ ⑥의 "설치장소"란에는 연구기자재가 설치되어 있는 기업부설 연구기관 또는 기업의 연구개발부서의 세부 부서명을 적습니다(세부 부서가 없으면 기업부설 연구기관 또는 기업의 연구개발부서로 적습니다).
◇ ⑧의 "사용 구분"란에는 연구기자재를 연구원들이 공동으로 사용하는 경우 '공동'을, 개인이 전용으로 사용하는 경우 '개인'을 적습니다.

※ [연구기자재 현황]의 작성 장수는 제한이 없으므로 적을 난이 부족할 경우 별지가 가능합니다.

210mm × 297mm[보존용지(2종) 80g/㎡]

회사도면

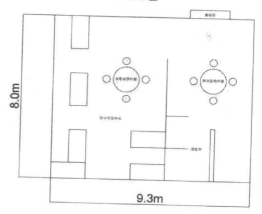

연구개발전담부서 도면

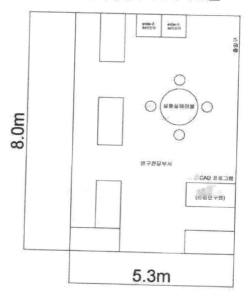

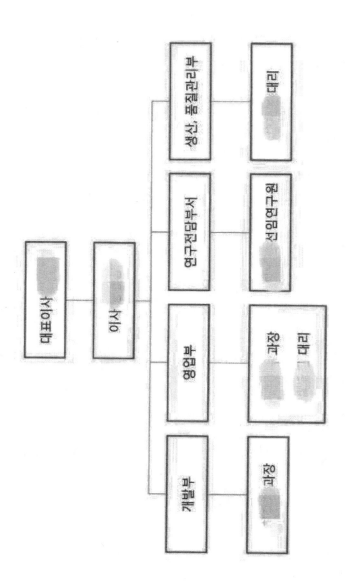

5. 설립완료, 이제 천만원 아끼는 절차는?

(1) 연구인력개발비 세액공제의 방법

연구소 혹은 연구개발전담부서를 설립하고 나서 구체적으로 어떻게 절세를 할까? 회사는 한 해 동안 사업을 하고 다음 해 법인세 혹은 소득세 신고를 한다.

이렇게 과세표준을 신고 시 과세표준시고서와 함께 세액공제신청서를 제출하면 된다. 별다른 승인이나 확인없이 납세자의 자체적 판단으로 세액공제 대상으로 신고를 하는 것이다. 실무에서는 세무대리인에게 세액공제신청서 작성 및 제출을 요청하면 된다.

세무대리인에게 상담을 받을 수도 있을 것이다. 아마도 조사를 받을 시 부인과 추징을 당할 우려도 있다고 알려줄 것이다. 해당 지출의 성격은 사업자가 더 잘 알 수 밖에 없고 사업자가 최종결정과 책임을 지게 된다. 납세자의 판단으로 신고를 하지만, 이 비용이 연구활동으로 인정될 것인지의 최종 결정은 결국 국세청이 한다.

(2) 사전심사제도를 꼭 활용하자

위의 말 대로라면 문제가 있다. 연구인력개발비 세액공제는 사업자의 자체적 판단으로 신고하기 때문에 국세청으로부터 비용을 부인 당할 위험을 늘 수반하고 있는 것이다. '실제 연구인력 개발활동이 맞는지?' 그리고 '공제대상 비용이 적정한지?'에 대해서 국세청과

기업 간의 의견 차가 발생하기 쉽다는 것이다.

이견이 발생하면 기업은 약자라서 이길 수 없다. 국세청이 세무조사 등으로 세액공제가 잘못 신고되었다고 판단하면 수년간 공제받은 세액은 물론 가산세까지 추징한다. 기업 입장에서는 매우 불리한 상황이다.

이러한 문제점을 해결하기 위해 나라에서는 〈사전심사〉를 할 수 있는 제도를 만들었다. 즉 본격적으로 세액공제항목에 넣어서 신고하기 전, 국세청의 사전확인을 받아보게 하는 것이다. "이런 항목과 금액으로 세액공제를 받으려고 하는데 한번 검토해 주세요"라고 하는 것이다.

신고 전 이런 확인 절차를 거쳤다면 추후에 문제가 발생되더라도 별 탈 없이 넘어 갈 수 있다. 과세 당국의 판단을 이미 한번 거쳤기 때문이다. 사전심사제도는 임의 사항이지만 꼭 활용하는 것이 좋다.

(가) 신청기한
법인세 혹은 소득세 신고 전까지

(나) 효과
사전 심사를 받은 내용에 대해서는 추후에 신고내용의 확인 및 감면사후관리 대상에서 제외된다. 그리고 세무조사 등으로 인해 심사 결과와 다르게 과세처분이 되더라도 과소신고 가산세가 면제된다.

(다) 준비서류

a) 연구 및 인력개발비 명세서
b) 연구개발 보고서
c) 그 밖의 공제대상 연구인력 개발비임을 증명하는 서류
- 공통증빙 (연구소 인정서, 연구원등록현황, 업무분장표)
- 연구활동증빙 (1.연구계획서 2.연구노트 3.기타 지식재산권 자료)
- 비용 증빙
  (급여대장, 과제별재료비집행내역, 위수탁계약시 관련증빙 등)

(라) 심사기준

a) 기술검토 :

'연구개발 활동이 기술진전을 위한 것인지?' 그리고 '새로운 서비스나 제품을 개발하기 위한 것인지?' 등을 확인한다. 보여주기 식 연구가 아닌 실제로 상용화를 하고 있거나 할 것이라는 것을 보여줄수 있어야 한다.

b) 비용검토 :

연구인력 개발에 지출한 금액이 법에서 정한 공제대상 금액이 맞는지를 검토한다.

6. 혜택은 누리고 현지확인실사에 대비해야

□ 실사예고통지서

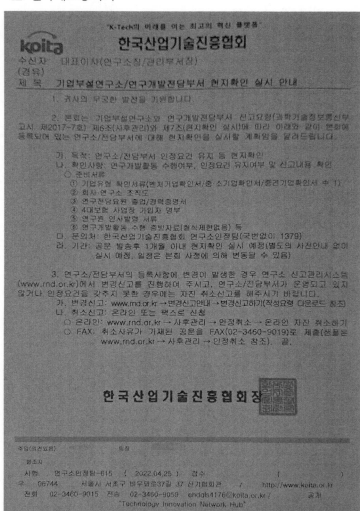

연구소 및 연구개발 전담부서를 등록하고 나면 잘 운영이 되고 있는지 실사가 나온다. 매년 실사가 나오는 지역이 있고, 혹은 2년에 한 번씩 나오는 지역이 있다. 위와 같은 서류가 팩스와 이메일로 몇 차례 날아온다.

이 문서를 받았다면 그때부터 '인적요건'과 '물적 요건'을 재점검해야 한다.

앞의 문서가 날아온 몇 달 뒤 한국산업기술진흥협회의 조사관이 찾아온다. 개인적으로 경험한 바에 의하면 무리하게 조사를 하지는 않는다. 예를 들어 연구원 자리에 가서 컴퓨터를 뒤진다든지, 다른 업무를 하지는 않았나 서류를 확인해본다든지 하는 것은 없었다. (물론 대비는 이마저도 고려해서 철저히 해야 한다.)

정석대로 인적요건과 물적 요건을 확인하고, 약간 미흡한 부분은 지적해서 보완을 하도록 하는 수준이었다. 그런데 조사관님의 말에 의하면 그날 큰 지적사항으로 연구소 취소가 될 회사가 두 군데나 있었다고 했다. 연구소와 연구개발전담부서는 신청만 하고 사후 관리를 하지 않으면 큰 낭패를 볼 수 있다.

아래와 같이 조사관님이 보고서를 써주는데, 여기서 지적 나온 사항을 기한 내에 보완하면 된다.

현지확인 보고서

	담당		팀장

기 업 명			대표이사	
연구소명	연구전담부서		연구소장	
소재지				
기업규모	벤처기업	(	종업원수	
연구분야	(		인증번호	
연구소연혁	분리(소유 /)		기자재	1 종

직원 현황	전담 요원	박사	0	석사	1	학사	0	전문	1	기타	0
	보조원	0		관리직원	0	합계			2		

구분	번호	체크포인트 (이상없음(○), 보완요망(X), 판단유보(△))		확인	의견
전체 사항	1	기업의 연구소 조직확인, 기업유형확인	기업규모, 조직도, 종업원수	○	
	2	연구개발활동 수행내용 확인	연구보고서, 연구노트, 연구내용	○	
인적 요건	3	연구원의 연구개발 전담여부	업무내용, 명함, 인사발령 서류등	○	
	4	연구소 직원 자격확인 및 충족여부	4대보험, 학위,자격증 등 증명서류	○	
	5	연구소내 상시근무 여부	자리 확인	X	
물적 요건	6	신고내용과 일치여부	도면 비교 및 연구기자재	○	
	7	연구소 현판 확인	출입구	○	
서류	8	설립, 변경서류, 건축물대장 등		○	

종합평가

확인자 의견란
- 전체사항: 1) 기업유형·벤처기업확인서 확인
  2) 연구개발활동·자체연구과정등
- 인적요건:
- 물적요건: 이상없음

연구개발 수행과제

평가기준

상기시설에 이상 없음을 확인 함.   2022년 06월 17일

현지확인자	소속	연구소인정팀	직위	조사위원	성명	
면담자	소속		직위		전화	
	E-mail				성명	

※ 현지확인보고서, 1연경신고 안내

7. 사후관리의 핵심은?

연구개발비세액공제에서 가장 중요한 것이 사후관리이다. 이를 잘
못하면 혜택받은 돈을 다 돌려주고 추징까지 당하게 된다. 사후관
리의 핵심은 연구개발활동의 증빙이다.

연구개발활동의 증빙을 위해서는 〈연구개발계획서〉 혹은 〈연구개발
보고서〉라는 서류가 있다. 이를 작성해 5년간 보관해야 한다.

의외로 중요한 것이 있다. 바로 〈연구노트〉이다. 실무에서는 연구노
트를 쓰지않고 도면이나 다른 서류로 대체하는 회사도 있다. 그러
나 연구노트야말로 연구개발활동에 대한 가장 자세하고 세부적인
문서이다. 연구활동을 수행했다는 직접적인 증거자료이다.

만약 연구개발세액공제의 혜택은 받고 있는데, 내가 추진하는 연구
활동이 보여주기식이거나 혹은 악의는 없지만 연구내용에 확신이
없을 수도 있을 것이다. 이 때에도 더더욱 연구노트를 열심히 써서
그럴듯하게 만들어 놓아야 한다.

연구노트는 마음대로 쓰는 것이 아니라 일정한 방법이 있다.

- 시중에 공식적으로 판매되는 정해진 양식의 노트를 사용한다.
- 지워지지 않는 펜으로 작성한다.
- 수기로 작성해야 한다.
- 노트를 찢으면 안된다.

- 그림, 도면을 노트에 붙일 때에는 붙인 경계면에 싸인을 한다.

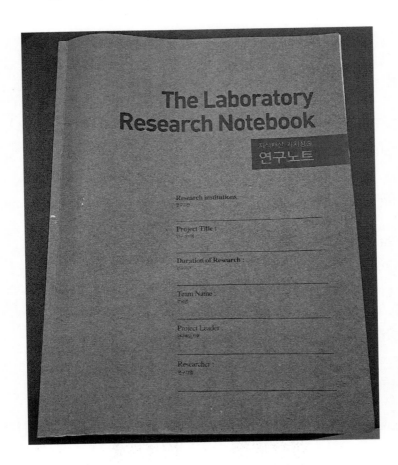

[4] 가족을 활용한 절세 (개인사업자)

★ 종합소득세 세율 (~2022)

과세표준	세율 누진공제
1,200만 원 이하	6% -
1,200만 원 초과~4,600만 원 이하	15% 108만원
4,600만 원 초과~8,800만 원 이하	24% 522만 원
8,800만 원 초과~1억5천만 원 이하	35% 1,490만 원
1억5천만 원 초과~3억 원 이하	38% 1,940만 원
3억 원 초과~5억 원 이하	40% 2,540만 원
5억 원 초과~10억 원 이하	42% 3,540만 원
10억 원 초과	45% 6,540만 원

★ 개정 종합소득세 세율 (2023~)

과세표준	세율 누진공제
1,400만 원 이하	6% -
1,400만 원 초과~5,000만 원 이하	15% 126만원
5,000만 원 초과~8,800만 원 이하	24% 576만 원
8,800만 원 초과~1억5천만 원 이하	35% 1,544만 원
1억5천만 원 초과~3억 원 이하	38% 1,994만 원
3억 원 초과~5억 원 이하	40% 2,594만 원
5억 원 초과~10억 원 이하	42% 3,594만 원
10억 원 초과	45% 6,594만 원

개인사업자는 종합소득세를 내는데 세율이 상당히 높다. 사업자는 어느 정도 이익이 나면 절세를 할 방법을 찾기 마련이다. 앞서 살펴보았듯이 소득세 절세는 적격증빙을 잘 챙겨서 최대한 '빼기'를 많이 하는 것이었다.

그런데 가족을 활용하면 큰 금액을 절세할 수도 있다. 대표적인 방법이 '공동사업자'로 회사를 운영하는 것이다. 두 번째는 가족을 직원으로 등록하여 인건비를 비용처리 하는 것이다.

1. 공동사업자

(1) 공동사업자는 세율을 낮춘다.

공동사업자로 절세를 하는 원리는 간단하다. 앞의 표에서 보았듯이 소득세는 누진세 구조이다. 그리고 개인별과세이다. 어느 한 개인의 소득이 높을수록 높은 세율이 매겨지는 형태이다.

예를 들어 어느 한 사업장의 과세표준이 1억이라면 35%의 세율이 매겨진다. 그런데 아내와 남편이 공동사업자라면, 각각의 지분이 나누어지게 된다. 5:5로 나눈다면 순이익이 대략 5천만 원 수준으로 24%의 세율이 적용된다.

*공동사업자의 소득세 절감 사례 (2023년 개정세율)

- 대표 1인의 경우
 (1억 x 35%) - 누진 세액공제 1,544만 원 = 19,560,000원

- 부부 공동대표 2인의 경우
 {(5천만 원 x 24%) - 누진 세액공제 576만 원}x2 = 12,480,000원

∴ 절세 금액은 7,080,000원

소득세는 과세표준이 커질수록 높은 세율이 적용되기 때문에, 순이익이 높아질수록 절세 금액은 더 커진다.

가족이 아닌 제3자도 함께 일한다면 공동사업자로 절세 효과를 누릴 수 있다. 다만 일반적으로 가족이 더 신뢰할 수 있기에 가족 기업에서 많이 사용되는 방법이다.

(2) 4대 보험을 고려해야 한다.

위의 내용만 보면 공동사업자가 좋을 것 같다. 그러나 고려해야 할 부분이 하나 더 있다. 바로 사대보험이다. 사대보험을 두 배로 내야 한다. 예를 들어 공동대표가 부부라면, 각각 4대 보험료를 내야 한다.

만약 직원이 없다면 둘 다 지역 가입자로 내야 하므로 더 큰 금액

을 내게 된다. 지역가입자는 소득이 아닌 재산에 부과되기 때문에
일반적으로 훨씬 큰 금액이 청구된다.

한 명이 대표이고 다른 한 명을 부양가족으로 올리면 한 가족당 보
험료를 한 번만 내면 된다. 따라서 아직 사업 초기라서 세금의 부
담이 적을 때에는 1인대표로 하다가, 사업이 커졌을 때 공동사업자
로 변경하는 것도 하나의 방법이다.

(3) 공동사업자 등록

최초 공동사업자를 등록 시에는 국세청 홈택스에서 온라인 신청이
가능하다. 등록 후 변경사항이 있으면 관할 세무서를 방문해야 한
다.

> **홈택스 〉 신청/제출 〉 사업자등록신청(개인) 〉 공동사업자**
> **정보입력**

최초 대표자가 공동인증서와 본인인증을 하고 먼저 등록을 하면,
공동대표자는 개인인증서로 로그인을 하여 공동사업자(대표) 승인하
기 메뉴에서 인증한다. 지분율이 기재된 동업계약서 양식을 작성하
여 첨부하는 절차가 있다.

2. 가족을 직원으로 쓰기

(1) 일을 한다면 실질에 맞게끔 신고를 하기

자녀가 부모의 회사를 도우며 함께 일하는 경우도 있다. 저마다 상황은 모두 다르다. 자녀도 역시 위와 같이 공동대표를 할 수도 있다. 또한, 직원으로 등록하여 일하는 경우도 있다. 또는 아예 아무런 신고를 하지 않는 경우도 있다.

아예 신고를 안하는 사례는 두 가지다. 가족이라서 일을 했음에도 돈을 지급하지 않는 경우와 지급을 하는데 귀찮아서 인건비 신고를 안하는 경우이다. 후자의 경우, 즉 가족이라도 정상적으로 돈을 받으면서 근무를 하고 있다면 실질에 맞도록 인건비 신고를 하는 편이 낫다.

인건비를 신고한다면 이 가족 사업장에 추가되는 부담이 있다. 가족(예를 들어 자녀)의 근로소득세와 사대 보험료(가족과 사업주 부담분)다. 이 비용과 가족을 인건비 처리함으로써 절약되는 세금을 비교해 볼 수 있다.

대체로 인건비 신고를 하는 경우가 신고를 안 하는 경우보다 절세효과가 크다. 적용되는 세율에 따라 차이가 있는데 특히 해당 개인사업자의 소득세율이 높을수록 절세 효과가 크다. 대략 종합소득세세율 구간이 24% 이상일 경우는 신고하는 편이 낫다고 기준을 잡아볼 수 있겠다.

□ **가족을 직원으로 고용 시 절세 사례**

[가족직원 : 월급200만원, 차감소득금액 500만원]

[회사 : 소득세율24%, 총4대보험요율 19.57%]

(1) 회사의 지출금액

a. 사대보험료 24,000,000x19.57%=4,696,800원

b. 근로소득세

 1.근로소득금액

  =4,000,000원(연봉)-8,850,000원(근로소득공제)=15,150,000원

 2. 과세표준=15,150,000-5,000,000=10,150,000원x6%

 3. 산출세액= 609,000원

 4. 결정세액=609,000원-334,950원=274,050원

c.총 지출액= 4,970,850원

(2) 회사의 대략적인 절세 금액

회사비용

=24,000,000원(연봉)+2,490,000원(4대회사부담)=26,490,000원

∴ **절세금액**

=26,490,000x24%=6,357,600x1.1(지방세)=6,993,360원

(1)과 (2)를 비교하면 → 절세금액은 약 2백만원

(2) 가족 인건비 처리 시 주의할 점

실제로 일을 하지도 않은 가족을 직원으로 등록하는 경우가 상당히 많다. 왜 이렇게 할까? 앞에서 살펴보았듯이 인건비가 경비처리 되는 효과가 있다. 또는 사업주가 건강보험 지역가입자라서 보험료가 많이 나오는 경우, 가족을 직원으로 채용하면 직장 가입자로 전환을 할 수 있기 때문이다.

세무서도 이런 사실을 알고 있다. 혹시라도 세무조사를 받게 된다면 탈세 행위로 적발될 수 있다. 따라서 위법행위는 하지 않는 것이 좋으며, 실제로 가족이 근무를 한 경우에는 괜한 의심을 살 수도 있으니 '직원으로서 근무를 했다'라고 입증할 수 있는 자료를 갖추어야 한다.

가) 실제로 근무한 자료.
 -출퇴근 기록부, 출근 시 지문기록 자료, 업무일지, 업무분장표 등

나) 직원으로서 근무한 자료
 -급여이체내역, 근로소득원천징수내용, 4대 보험납부영수증 등
 -가족은 특수관계자이므로 다른 직원들에 비해 과다 책정금지.

세무업무는 어떻게 소명을 할 지에 대해서 생각을 해두어야 나중에 뒤탈이 없다.

(3) 가족회사의 사대보험

가족회사의 사대보험

구분	고용,산재보험		건강보험,국민연금
	동거여부 (근로자성)	적용여부	
배우자	무관	비적용	급여를 받는경우 사업장 가입대상자
배우자를 제외한 가족	동거	비적용	
	비동거	적용	

건강보험과 국민연금의 경우에는 월급을 받는 소득이 있으면 가입을 해야 하는 것이 원칙이다. 따라서 월급을 받는 가족은 사업장 가입 대상자가 된다.

반면 고용보험과 산재보험의 경우에는 근로자성을 따져서 가입 여부를 판단한다. 사업주와 동거를 하는 친족이라면 일반적으로 근로자로 간주하지 않는다. 그래서 고용, 산재보험을 적용하지 않는다. 사업주와 동거를 하지 않는다면 근로자성을 인정받아 고용보험과 산재보험을 적용한다.

중소사업주를 위한 고용,산재보험제도

정부지원금	내용	효과
자영업자 고용보험	근로자를 사용하지 않거나 50인 미만 근로자를 사용하는 사업주로 일정요건 충족시 가입가능하다. 1인 자영업자의 경우 소상공인공단의 〈1인자영업자 고용보험료지원〉 제도도 활용해 볼 수 있다.	-폐업 시 구직급여(1년 이상) -내일배움카드 이용 가능
자영업자 고용보험	300인 미만 근로자를 사용하는 경우 가입가능하다. 함께 일하는 무급 가족도 가입할 수 있다.	-업무 상 재해시 요양급여, 휴업급여, 장해급여를 지급

[5] 그 밖의 지원제도

그 밖의 지원제도는 중요한 제도 위주로 간단한 소개 정도만 해보 겠다.

1. 청년추가 고용장려금

기업이 청년을 추가로 고용했을 때 정부가 지원해 준다. 청년 추가 고용 한 명당 월 75만 원, 1년에 900만 원, 최대 3년간 지원해 준다. 청년의 기준은 34세까지이다.

청년 추가고용 장려금

(기준:연간금액)

명칭	1명 고용	2명 고용	3명 고용
5인 이상 30인 미만	900만 원	1,800만 원	2,700만 원
30인 ~ 99인		900만 원	1,800만 원
100인 이상			900만 원

지원요건

원칙적으로 5인 이상 사업장에 지원해 준다. 물론 예외적으로 성장 유망업종이나 지식산업업종 등 특정한 분야는 5인 미만이더라도 지원을 해준다. 해당하는 근로자는 34세 이하이다.

2. 청년내일채움공제

대기업과 중소기업의 급여차이는 크다. 중소기업에서 경력을 쌓고, 장기 근무 시 목돈도 모을 수 있는 제도이다.

2년형이다. 기업은 근로자의 월급과는 별도로 기여금 300만 원을 적립해야 한다. 근로자는 매월 3만 원씩 납부를 해 2년간 300만 원을 낸다.

청년내일채움공제

정부지원금	기업 기여금	근로자 적립금	비고
600만 원	300만 원	300만 원	추가 이자지급

지원요건

청년추가 고용장려금과 기준이 동일하다. 해당되는 근로자는 34세 이하이다. 그리고 원칙적으로 5인 이상 사업장에 지원해 준다. 성장 유망업종이나 지식산업업종은 예외적으로 지원이 가능하다.

3. 소상공인 고용보험료 지원

(1) 자영업자 고용보험

자영업자들도 고용보험에 가입할 수 있다. 고용보험에 가입하고 아래요건에 해당하면, 최소 90일에서 180일까지 구직급여를 받을 수 있다.

적자지속, 매출감소, 건강 악화 등 부득이한 사정으로 폐업
본인명의로 가입한 사업자등록증 말소
최소 1년 이상 자영업자 고용보험에 가입
적극적인 재취업(재창업)노력

또한 직업능력개발 훈련비용을 내일배움카드를 통해 지원받을 수 있다. 를 지원받을 수 있다. 내일배움카드 계좌 발급일로부터 5년간 300~500만 원 한도로 훈련비의 일부를 지원한다.

본인 명의의 사업자등록등을 보유하고 있으며, 1인 기업이거나 50인 미만의 근로자를 고용하는 자영업자라면 가입할 수 있다. (부동산임대업, 가사서비스업, 5인 미만 농업, 임업, 어업, 소규모 공사 사업자 제외)

*자영업자 고용보험 가입
고용산재보험 토탈서비스 〉 민원접수/신고 〉 보험가입신고 〉
자영업자 고용보험 가입신청
https://total.comwel.or.kr/

(2) 소상공인 고용보험료 지원사업

정부에서는 자영업자의 고용보험 가입을 유도하고 있다. 그래서 고용보험료 지원사업을 하고 있는데 고용보험료의 최대 50%까지 지원을 해주고 있다.

고용보험료 지원은 신청일로부터 최대 5년 간이며, 기준 보수에 따라서 고용보험료의 20~50%까지 지원을 하고 있다. 납부한 보험료에 대해서 환급을 해 주는 방식이다.

자영업자 고용보험료지원 (소상공인마당 홈페이지)

https://www.sbiz.or.kr/eip/main/main.do

4. 창업기업지원서비스바우처

창업진흥원에서 지원하는 괜찮은 사업이다. 창업 3년 이내이고, 만 39세 이하 청년 창업자에게 세무회계와 기술보호 임치에 대해서 연 100만 원 한도로 지원을 해준다. 기장대행수수료와 결산 수수료비 그리고 회계프로그램 구입비로 사용할 수 있다. 신고대리나 소급기장 컨설팅 비로는 사용할 수 없다.

*창업기업지원서비스바우처
창업진흥원 〉 사업안내 〉 사업화 〉 창업기업지원서비스바우처
https://www.kised.or.kr/menu.es?mid=a10205060000